MICHAEL KLEVENHAUS

Lehrbuch der schottisch-gälischen Sprache

Begleitheft

Übersetzungen

Grammatiktabellen

Schlüssel zu den Übungen

BUSKE

Mit freundlicher Unterstützung von:

Bibliografische Information der Deutschen Nationalbibliothek

Die Deutsche Nationalbibliothek verzeichnet diese Publikation in der Deutschen Nationalbibliografie; detaillierte bibliografische Daten sind im Internet abrufbar über ‹http://portal.dnb.de›.
ISBN 978-3-96769-043-9

3., durchgesehene Auflage 2020

Umschlaggestaltung: QART Büro für Gestaltung, Hamburg. Druck und Bindung: Drukarnia Dimograf, Bielsko-Biała. Printed in Poland.

INHALT

Übersetzungen der Texte

Grammatik

Schlüssel zu den Übungen

ÜBERSETZUNGEN DER TEXTE

Aonad 1 — S. 1

C: Hallo Mòrag.
Mò: Hallo Christian, wie geht es dir?
C: Mir geht es gut. Schau! Dies ist Martin.
Mò: Guten Morgen Martin.
Ma: Hallo Mòrag, hallo Christian, wie geht es euch?
C: Nicht schlecht. Ich bin beschäftigt.
Mò: Ich bin nicht beschäftigt, ich bin faul.
C: Auf Wiedersehen Martin,
Ma: Auf Wiedersehen Mòrag.

Aonad 2 — S. 8/9

C: Guten Abend.
H: Guten Abend, wie geht es Ihnen?
C: Es geht mir gut, danke.
H: Ich bin der Hausherr. Sind Sie der Franzose in Zimmer eins?
C: Nein, ich bin der Deutsche in Zimmer drei.
H: Hmm. Ist er denn der Franzose?
C: Nein, er ist der Spanier in Zimmer zwei.
H: Und wer ist das?
C: Das ist Màiri aus London. Zimmer fünf.
H: Du liebe Güte! Der Deutsche ist in Zimmer fünf ...
C: Nein, ich bin der Deutsche und ich bin in Zimmer drei.
H: Ist der Russe anwesend?
T2: Ja, ich bin da. Ich bin der Russe.
H: Zimmer sechs?
T2: Tut mir leid, Zimmer sieben.
H: Entschuldigen Sie bitte. Sind Sie der Engländer in Zimmer acht?
T3: Nein, ich bin der Ire in Zimmer neun.
H: Mòrag, wer sind diese da?
M: Das sind der Russe, der Spanier und der Franzose.
H: Und wo wohnen sie?
M: Ich weiß nicht.
T4+5: Entschuldigen Sie bitte, wir sind Iain und Seonag aus Schottland. Haben Sie ein Zimmer?
H: Ja, Zimmer zehn.
T4+5: Sehr gut, danke Ihnen.

Aonad 3 — S. 15

1. Dialog

Guten Morgen.
Es ist heute feucht und kalt in Glasgow.
Es ist warm und sonnig in Edinburgh, aber es ist kühl und schön in Aberdeen.
Es ist sonnig in Perth, aber es regnet in Mull.
Abends ist es neblig und windig in Lewis und Barra.
Es ist schön in Inverness und in Dundee.

2. Dialog

M: Hallo Iain, Iain, bist du da?
I: Hallo, wer ist da? Màiri, bist du da?
M: Iain, ja, ich bin da.
I: Wo bist du, Màiri?
M: Ich bin in Lewis.
I: In Lewis?! Wie geht es dir?
M: Oh, ich bin nass und mir ist kalt. Es ist sehr kalt in Lewis im Moment.
I: Und wo warst du gestern? Bist du in Ordnung?
M: Ich war gestern in Mull und es war überhaupt nicht kalt in Mull. Ja, ich bin in Ordnung, aber es regnet und es ist stürmisch.
I: Hier in Glasgow ist es überhaupt nicht stürmisch. Heute ist es sonnig und warm. Und gestern war es trocken. Magst du / Gefällt dir Lewis?
M: Ja, Lewis ist sehr schön. Aber ich mag Mull auch.
I: Tschüss dann.
M: Tschüss.

Aonad 4 S. 22

Cr: Mòrag, wo arbeitest du?
Mò: Ich arbeite hier zu Hause und ich arbeite auch im Büro. Und ich habe in Edinburgh gearbeitet.
Cr: Ich arbeite in einer Fabrik.
Mò: Dies ist Martin. Martin arbeitet in einem Krankenhaus. Martin, was macht Calum?
Ma: Calum schreibt ein Buch.
Ca: Ich schreibe kein Buch, ich habe ein Buch gelesen, aber im Moment schreibe ich einen Brief.
Ma: War das Buch interessant?
Ca: Ja, es war sehr interessant. Es war auf Gälisch. Ich lerne Gälisch.
Mò: Also so was! Das ist ja toll! Du lernst Gälisch! Sehr gut. Ich mag Gälisch sehr.
Ma: Ich lerne Französisch und Italienisch und ich spreche fließend Englisch.
Mò: Und ich kann Gälisch, Englisch und Deutsch. Ich lerne Spanisch. Kannst du Spanisch?
Cr: Nein. Ich kann kein Spanisch, aber ich spreche ein wenig Italienisch. Magst du Spanisch?
Mò: Ja. Ich habe Spanisch in Toledo gelernt.
Ca: Olé!

Aonad 5 S. 28

Ein Brief aus Schottland

Lieber Donnchadh,

Wie geht es Dir? Ich bin im Moment in der Nähe von Loch Ness. Ich bin hier zusammen mit einem Freund. Er wohnt in Inverness. Er ist beschäftigt und arbeitet in einer Schule in der Nähe von Inverness. Gestern hat die Schule wieder angefangen. Er unterrichtet dort Gälisch und Französisch. Das Land ist schön. Der Morgen war kalt, aber jetzt ist das Wetter sehr gut. Es ist sonnig und es regnet nicht.
Gestern habe ich in einem schönen Hotel gewohnt. Das Hotel lag in einem kleinen Ort nahe Loch Ness. Mein Zimmer war groß und das Bett war weich. Mein Fenster war sehr groß und der Ausblick war schön. Ich habe Loch Ness gesehen.
Ich mag das leckere Essen in Schottland. Aber der Kaffee ist schwach. Gestern bin ich gewandert und geklettert. Ich möchte nicht in einem See schwimmen, denn das Wasser ist schrecklich kalt. Abends lese ich ein gälisches Buch. Ich lerne Gälisch. Es ist schwer, aber o.k.

Mit freundlichen Grüßen

Calum

Aonad 6 S. 35/36

M: Oh, bin ich müde!
T: Ja, ich auch. Wo ist unser Zimmer?
C: Hier ist es. Zimmer drei für Ailean und mich.
A: Und hier ist Zimmer fünf für Tòmas und Màiri.
H: Hallo, wie geht es Ihnen?
A: Danke, sehr gut. Wie geht es Ihnen?
H: Sehr gut. Hier ist es sonnig heute.
C: Oh ja, hier ist es sonnig, aber in Edinburgh regnet es.
H: Regnet es dort immer noch? Wie lautet Ihr Name?
A: Mein Name lautet Ailean MacDonald und dies ist meine Frau Kirstin MacDonald.
C: Und dies ist unser Sohn, Thomas MacDonald.
M: Und ich bin ihre Tochter Màiri MacDonald.
A: Wie lautet Ihr Name?
H: Ich heiße Calum Morisson. Hier ist Ihr Schlüssel. Was werden Sie morgen machen?
A: Wir werden morgen wandern und ich werde klettern. Ich mag Klettern sehr.
C: Und Thomas und Màiri schwimmen gerne. Haben Sie ein Schwimmbad?
H: Ja, das haben wir und auch eine Sauna.
A: Das ist sehr gut. Ich mag Sauna. Da gehe ich morgen hin. Wie wird das Wetter morgen?

H: Es wird sonnig sein mit ein oder zwei Schauern.
A: Wann gibt es Frühstück morgen?
H: Zwischen sieben und neun Uhr. Ist das in Ordnung?
A: Aber ja, selbstverständlich.
H: Und Abendessen wird es um sieben Uhr abends geben.
C: Nun, Thomas und Màiri, habt ihr Hunger?
T: Ja, und wir haben auch Durst.
A: Wir haben alle Hunger. Jetzt ist es sechs Uhr. Ich werde heute fernsehen. Es gibt einen Film um neun. Wirst du auch fernsehen, Kirstin?
C: Nein! Wir sind im Urlaub und du guckst Fernsehen. Das ist ja toll!

Aonad 7 S. 44/45

Tagebuch

Montag: Heute waren wir in Prestwick. Es war schön dort und sonnig. Abends waren wir in einem Hotel in Glasgow.

Dienstag: Edinburgh war sehr interessant. Wir haben in einem B&B gewohnt und das war sehr komfortabel / bequem. Das Frühstück war sehr lecker und wir haben zu viel gegessen. Warst du jemals in Edinburgh? Nein? Nun, es ist sehr schön. Heute werden wir nach Perth fahren und von Perth nach Mull.

Mittwoch: Am Mittwoch waren wir in Mull. Abends hat es geregnet. Tobermory ist hübsch und sehr klein. Wir hatten heute eine Flasche Whisky und dieser Whisky war sehr lecker.

Donnerstag: Wir sind von Mull nach Portree gefahren. Donnerstagabend waren wir in Portree und haben ein Zimmer in einem Hotel gesucht. Sie waren alle voll und deshalb haben wir in Uig gewohnt.

Freitag: Wir waren auf South-Uist, in Lochboisdale. Es war stürmisch und kalt. Wir sind von Lochmaddy auf North-Uist aus dort hingefahren. Wir waren auf einem Cèilidh in Dalabrog. Es gab ein Fest, Ceòlas, und wir haben getanzt. Das war sehr gut, aber Alasdair hat es nicht gefallen. Er ist nicht gut im Tanzen. Er war in Killdonan. Es gibt dort ein interessantes Museum und ein Café in der Nähe davon. Alasdair hat zuviel Kuchen gegessen und er hat eine Tasse starken Kaffee getrunken.

Samstag: Unglücklicherweise hatten wir nicht genügend Zeit auf South-Uist. Wir sind zurück in Glasgow. Alasdair hat eine CD mit traditioneller Musik beim Gälischen Bücherbund gekauft. Der Laden gefällt mir sehr. Ich habe nichts gekauft. Ich hatte nicht genug Geld. Aber ich habe Gälisch mit einem Verkäufer dort gesprochen. Abends waren wir zurück in Prestwick.

Sonntag: Mitternacht waren wir zurück zu Hause. Unsere Woche in Schottland war unglaublich gut und wir werden zurückkommen.

Aonad 8 S. 53/54

Donnchadh und Beathag schauen sich Fotos an.

D: Und wer ist das, Beathag?
B: Das ist José. Ich war in Spanien.
D: Schau, schau! Du und José?
B: Sei doch still! Ich war in Ferien in Spanien und er hat in dem Hotel gearbeitet, wo ich gewohnt habe. Manchmal sind wir tanzen gegangen. Es gab Tanz am Strand, das war sehr gut. Am Anfang haben wir Englisch gesprochen, aber jetzt kann ich ein wenig Spanisch und so habe ich Spanisch gesprochen.
D: Ich war auch in Ferien. Ich war in Deutschland. Schau mal da!
B: Das ist schön. Wo ist das und wer ist diese (Frau)?
D: Das ist in Köln in der Nähe des Doms und das ist Caitrìona.
B: Woher kommt sie?
D: Sie ist aus Deutschland und sie wohnt in Köln. Aber sie ist oft in Schottland.

B: Und was war zwischen dir und Caitrìona?
D: Was meinst du? Es ist nichts passiert! Wir waren beim Tanz. Samstagabend. Ich lerne Deutsch und ich habe Deutsch gesprochen.
B: Und jetzt kannst du fließend Deutsch, oder?
D: Und was macht dein Spanisch?
B: Sei doch still! Was ist das für ein Bild?
D: Das ist in der Schweiz. Dort sind wir geklettert. Der Berg war schrecklich hoch und es war sehr kalt.
B: Und wer ist das auf dem Bild da?
D: Das ist Pièrre, er ist aus Frankreich, aber er arbeitet in einer Bank in Zürich in der Schweiz. Danach waren wir in Italien. Schau mal, das ist am Strand. Wir sind im Meer geschwommen. Es war sonnig und das Wasser war warm.
B: Oh, das ist schön. Ich war noch nie da. Ich war eine Woche lang in Russland. Das war auch schön. Hier ist ein Bild, als ich zurück zu Hause in Oban war. Dies ist Niall, mein Mann, an der Tür, und das bin ich im Garten. Ich arbeite im Garten. Und die Kinder spielen auf der Straße.
D: Hier ist ein Bild, wo ich in meinem neuen Auto bin. Das ist meine Frau auf der Straße. Sie kommt nach Hause. Sie arbeitet in einem Büro in der Stadt.
B: Das ist schön. Das gefällt mir. Aber es tut mir leid, ich gehe jetzt nach Hause. Mach's gut.
D: In Ordnung, du auch, tschüss.

Aonad 9 — S. 61–63

1. Dialog

M: Hallo Calum, komm rein.
C: Danke Màiri. Ist das dein neues Haus?
M: Ja. Ist es nicht schön?
C: Ja, es sieht ziemlich schön aus. War es teuer?
M: Überhaupt nicht.
C: Das ist gut. Der Flur ist ziemlich lang.
M: Ja, er ist lang und er führt zu unserem Wohnzimmer.
C: Oh, das ist ja schön. Du hast einen offenen Kamin! Und das Sofa ist wunderschön. Wo ist der Fernseher?
M: Wir haben keinen Fernseher im Wohnzimmer. Aber hier ist das Radio.
C: Was ist das da unter dem Sofa?
M: Das ist unsere Katze, Mòrag.
C: Sehr gut. Und wo ist die Toilette?
M: Die Toilette ist hier, zwischen dem Wohnzimmer und der Küche.
C: Sehr gut. Ich muss zur Toilette.
M: Eine Toilette ist hier und eine weitere unten (die Treppe hinunter).
C: In Ordnung. Màiri, tut mir leid, aber auf der Toilette gibt es kein Toilettenpapier.
M: Da hast du welches. Ich bin in der Küche. Willst du eine Tasse Tee?
C: Ja, danke. (zurück in der Küche) Dein Kühlschrank ist schrecklich groß.
M: Ja, der ist sehr groß, aber er hat auch einen Gefrierschrank. Das ist nützlich. Und ich habe auch eine Spülmaschine.
C: Sehr gut. Das ist wirklich nützlich. Kochst du gerne?
M: Ja. Hier ist der Herd mit einem großen Backofen. Ich backe auch gerne. Und hier ist dein Tee auf dem Tisch. Willst du ein Stück Kuchen? Er ist auf dem Teller hier im Schrank.
C: Wirklich gut! Dieses Haus ist wunderschön (schrecklich schön). Wo sind die Schlafzimmer?
M: Die sind oben (die Treppe hinauf). Es gibt zwei Schlafzimmer und das Badezimmer mit einer großen Badewanne. Und wir haben auch eine Sauna – unten im Keller.
C: Welch ein komfortables Haus!

2. Dialog

M: Du meine Güte, ich bin spät dran. Calum, wo ist meine Hose?
C: Das weiß ich nicht. Ich ziehe deine Hose nicht an.
M: Bestimmt nicht, du bist zu fett!
C: Überhaupt nicht. Vielleicht ist sie im Badezimmer?
M: Nein. Ich war da, aber im Bad sind nur die Hose von Murchadh und mein Pullover. Seine Hose ist da, aber ich suche meine. Vielleicht im Keller ...

C: Mòrags Hose ist im Keller. Ihre Hose ist schmutzig.
M: Gut, dann ziehe ich einen Rock an. Wo ist meine Tasche?
C: Im Flur. Und da sind auch dein Mantel und deine Schuhe. Hast du deine Strümpfe an? Komm her und iss dein Frühstück!
M: Mein Frühstück? Ich habe keinen Hunger.
C: Aber du wirst doch eine Tasse Kaffee trinken, oder?
M: Ja, aber der Bus geht in zehn Minuten. Wo sind die Kinder?
C: Murchadh steht gerade auf und Mòrag ist in der Schule.
M: Murchadh, komm her. Du bist spät dran.
Mu: Wo ist mein Hemd. Gestern Abend war es im Schrank.
M: Das weiß ich nicht, mein Schatz. Welches Hemd meinst du?
Mu: Das blau-weiße – ah da ist es ja – du hast es an!
M: Das stimmt, ich habe es an. Ich muss jetzt weg und Mamis und Papis Hemden sind alle schmutzig.
Mu: Eure Hemden sind immer schmutzig. Zieh es aus! Ich will mein Hemd zurück!
C: Das stimmt nicht. Unsere Hemden sind nicht immer schmutzig, sondern nur heute. Und nun komm her und mach dich fertig. Die Schule fängt an.

Aonad 10 S. 70/71

Es ist fünf Uhr und Mòrag und Èilidh sitzen in einem Café in der Nähe des Bahnhofs.

M: Oh, bin ich froh. Ich hatte einen schrecklichen Tag im Büro, aber nun ist er vorbei.
E: Ja, er ist vorbei und ich bin hundemüde. Ich hatte auch einen schrecklichen Tag. Ich habe einen neuen Kollegen und er ist so blöde.
M: Du meine Güte! Welche Arbeit hat er?
E: Er ist Buchhalter. Er sitzt im gleichen Büro wie ich und schläft den ganzen Tag.
M: Och, manchmal schlafe ich auch im Büro, aber nur manchmal. Aber warum stehst du da? Komm, setz dich! Willst du eine Tasse Tee oder Kaffee?
E: Danke dir. Ich trinke eine Tasse Tee. Wie geht es denn Ruaraidh? Hat er eine neue Arbeit?
M: Noch nicht, er ist arbeitslos. Er sucht eine neue Arbeit, aber es ist schwierig. Er ist Maurer, aber es wird nicht viel gebaut im Moment.
E: Genau so ist es. Also wir, Calum und ich, sind sehr glücklich. Unsere Tochter hat jetzt Arbeit. Sie ist Krankenschwester in einem Krankenhaus und sie wird bald heiraten. Er ist ein Doktor.
M: Ja?
E: Ja. Ist das nicht gut? Der Doktor arbeitet im gleichen Krankenhaus. Und mein Sohn Iain ist im Moment in Inverness. Er ist Soldat.
M: Ja? Das ist ein gefährlicher Beruf, oder? Wie lange ist er Soldat?
E: Fünf Jahre. Er hat eine neue Arbeit gesucht und er war zur gleichen Zeit Taxifahrer in Glasgow, als Màiri, deine Tochter, dort Studentin war.
Schau mal, wer kommt denn da herein? Ist das Tearlach?
M: Welcher Tearlach? Und wo ist er?
E: Tearlach, der Zahnarzt. Schau, jetzt setzt er sich an einen Tisch. Es ist jemand bei ihm. Wer ist das?
M: Das ist eine Frau.
E: Ja, klar, ich bin ja nicht blind. Aber das ist nicht seine Frau.
M: Das ist allerdings interessant. Ist er ein guter Zahnarzt? Ich habe Zahnschmerzen und muss bald zum Zahnarzt.
E: Ja, er ist gut. Er ist ein guter Zahnarzt. Aber er ist auch hinter den Frauen her. Er arbeitet in der Stadt und er hat einen Bruder. Er ist Pastor in Perth.
M: Ist er Pastor? Ist er nicht Ingenieur?
E: Nein. Er war Pastor in Glasgow und nun ist er in Perth.
M: Ich bin im Moment (Büro-)Angestellte. Das ist eine gute Arbeit. Ich arbeite montags, mittwochs und freitags. Das ist sehr gut, denn ich bin auch Hausfrau.

Aonad 11 S. 79/80

Calum und Màiri sitzen an einem Tisch in einer Kneipe.

C: Oh je, siehst du, was ich sehe?
M: Was?
C: Schau mal an der Tür! Das ist Tormod.
M: Um Gottes Willen! Sieht er dich?
C: Nein, er sieht mich nicht. Er erkennt uns nicht.
M: Sehr gut. Was macht er?
C: Er geht zur Theke und kauft ein Getränk.
M: Bezahlt er es? Normalerweise hat er kein Geld.
C: Ja, er kauft vier Pint Bier und er bezahlt sie.
M: Vier Pint!? Warum?
C: Wie um alles in der Welt soll ich das wissen! Und jetzt, ach du meine Güte! Er erkennt uns und kommt rüber. Er möchte mit uns sprechen.
M: Aus dem Weg! Ich möchte überhaupt nicht mit ihm sprechen! Ich gehe zur Toilette ...
C: Bleib! Ich komme mit dir!

Sie sind im Flur zur Toilette.

M: Siehst du ihn?
C: Ja, er ist an unserem Tisch und sucht uns.
M: Ist Caitrìona bei ihm?
C: Caitrìona? Welche Caitrìona? Ist er verheiratet?
M: Ja. Ich kenne sie. Sie ist eine dumme Gans. Ich war mit ihr zusammen in der Schule. Oh, schau. Da ist sie, (sie) steht an der Wand. Was für eine Hose die anhat. Was für eine schreckliche Farbe! Siehst du sie?
C: Ja. Und Tormod ist ein Idiot. Er ist so furchtbar schlau. Er ist Lehrer in Glasgow, aber kein Schüler versteht ihn. Er ist ein furchtbar schlechter Lehrer.
M: Was macht er mit den vier Pint?
C: Er stellt sie auf unseren Tisch und jetzt geht er weg.
M: Sehr gut! Los zurück zum Tisch und wir werden sie trinken.

Sie kehren zum Tisch zurück. Tormod kommt auch zurück.

T: Hallo, wie geht es euch?
M: Tormod, schön dich hier zu sehen. Danke gut.
C: Hallo Tormod. Ich habe dich gesehen, als ich gerade von der Toilette zurückkam.
T: Möchtet ihr ein Pint?
M: Ja, oh danke, du bist so nett. Ich bin so froh, dass ich dich sehe.
C: (leise zu Màiri): Ich verstehe dich wirklich nicht.

Aonad 12 S. 86/87

Auf dem Bahnhof

Dòmhnall und Ruaraidh arbeiten im Auskunftsbüro auf dem Bahnhof.

D: Schon neun Uhr. Ich will eine Tasse Tee. Ruaraidh, willst du auch eine Tasse Tee?
R: Nein danke. Ich hatte eine Tasse Tee heute Morgen früh um sieben Uhr.
D: Um sieben Uhr! Wann bist du heute aufgestanden?
R: Um halb sieben. Ich war gestern Abend früh in meinem Bett, um halb elf.
D: Das ist wirklich früh. Ich habe ferngesehen. Es gab einen tollen Film von neun bis um elf Uhr. Danach war ich in meinem Bett, um zwölf Uhr.
R: Und jetzt bist du müde.

Jemand kommt herein.

M: Guten Morgen. Entschuldigen Sie, ich habe eine Frage. Wann fährt ein Zug nach Inverness?
R: Wann wollen Sie fahren?
M: Morgen früh zwischen acht und zehn Uhr.
R: Sehr gut. Es gibt einen Zug um halb neun und er wird Inverness um Viertel vor eins erreichen.
M: Viertel vor eins. Das ist sehr früh. Gibt es einen anderen Zug?
R: Ja. Es gibt einen anderen Zug um halb zwölf und er wird Inverness um Viertel

nach drei erreichen.
M: Das ist ausgezeichnet. Ich möchte eine Fahrkarte nach Inverness und zurück.
R: Sehr gut.
M: Wie viel Uhr ist es im Moment?
R: Tut mir leid, ich habe keine Armbanduhr. Aber Dòmhnall hat eine. Dòmhnall, wie spät ist es?
D: Es ist zehn Minuten nach neun.
M: Danke. Ich muss jetzt gehen. Aber ich werde morgen zurück sein / wieder da sein.

R: Was machst du heute Abend?
D: Wir werden ins Sportzentrum gehen, Sìne und ich. Wir haben ein neues Sportzentrum und es öffnet um sieben Uhr (heute) Abend.
R: Sehr gut. Wird es jeden Tag offen sein?
D: Ja, außer sonntags. Es wird zwischen acht Uhr morgens und zehn Uhr abends von montags bis freitags geöffnet sein und samstags von zehn Uhr morgens bis Mitternacht.

Jemand anderes kommt herein.

M: Entschuldigen Sie, wann wird der Zug aus Oban ankommen?
D: Normalerweise kommt er um fünf Minuten vor zehn an, aber heute hat er Verspätung. Es gab einen Unfall.
M: Wissen Sie denn, wann er da sein wird?
D: Nun, ich bin nicht sicher, vielleicht um ein Uhr.
M: Um ein Uhr! Das ist furchtbar. Ich muss nach Glasgow. Gibt es denn einen Bus?
D: Ja, es gibt einen Bus um halb zwölf und er wird in Glasgow Buchanan Station gegen drei Uhr sein.
M: Nun gut. Danke.
D: Bitte sehr.

Aonad 13 — S. 95/96

Màiri und Sìne im Geschäft

M: Was hast du da?
S: Das ist ein neuer Pulli. Ist er nicht schön?
M: Der ist wirklich schön. Was hat er gekostet?
S: Der war überhaupt nicht teuer. Er hat 25 Pfund gekostet.
M: 25 Pfund. Das ist sehr gut. Ich habe auch einen neuen Pulli und der hat 40 Pfund gekostet. Aber er ist aus Frankreich!
S: Aus Frankreich, nun denn ... Ich habe auch eine neue Hose. Das war ein Sonderangebot. 45 Pfund und sie gehörte mir.
M: Das ist nicht schlecht. Aber Kleidung ist im Moment schrecklich teuer. Letzte Woche war ich in Glasgow einkaufen und ich habe ein Vermögen für Kleidung ausgegeben. Zwei Pullover, Strümpfe, eine neue Hose, Unterwäsche, zwei T-Shirts, ein Hut und ein Mantel. Zum Glück hatte ich eine Kreditkarte dabei.
S: Du sagst es. Wir, Calum und ich, waren in einem Restaurant in Edinburgh. Wir haben gegessen und das Essen hat 30 Pfund gekostet. Und wir hatten zwei Flaschen deutschen Wein, Riesling, für 23 Pfund.
M: Aber war er denn gut?
S: Er war wirklich lecker und ausgezeichnet.

M: Wie geht es Iain im Moment?
S: Er macht Urlaub in Italien. Das Ticket nach Italien war ziemlich preiswert, 60 Pfund hin und zurück. Und ein Zimmer im Hotel kostet 67 Euro am Tag. Er bleibt 14 Tage.

M: Willst du einen Kaffee? Ich weiß, wo wir einen Kaffee für nur 99 Pence bekommen.
S: 99 Pence! Los hin, das ist ein Wort! Und ich esse ein Stück Kuchen. Haben Sie Kuchen?
M: Ja. Für 1,50.
S: Was hast du in der Tasche da?
M: Ein Paket Kaffee und eine Flasche Milch. Und Kartoffeln. Die sind schwer. Ich war heute in einem neuen Laden. Da ist alles total billig. Der Kaffee hat nur 3 Pfund und 40 Pence gekostet und die Milch nur 70 Pence.
S: Und wie weit bist du dafür gefahren? Um die 20 Meilen! Und was kostet Benzin im Moment? Da hast du es! Du bist überhaupt nicht schlau!

Aonad 14 S. 104/105

Mòrag hat eine neue Arbeit. Sie kennt die neue Stadt nicht.

M: Entschuldigen Sie bitte. Ich kenne diese Stadt nicht. Wo ist die Bank?
N: Welche Bank meinen Sie, die Royal Bank of Scotland oder die Clydedales Bank?
M: Ich bin nicht sicher. Ich brauche ein neues Bankkonto.
N: Nun, die Royal Bank of Scotland ist auf der Bank Street und die Clydedales Bank ist auf der Church Street, gegenüber der Kirche selbst.
M: Und wo ist die Post?
N: Die Post ist neben dem Rathaus.
M: Sehr gut, danke. Und ich habe noch eine weitere Frage. Wo gibt es ein gutes Restaurant?
N: Sehen Sie die Schule? Es gibt ein gutes Restaurant hinter der Schule auf der Glasgow Street. Es heißt Haus des Meeres. Der Fisch dort ist sehr lecker.
M: Das ist gut. Ich kenne die Glasgow Street. Ich habe auf dieser Straße mein Auto gelassen. Das ist nicht weit.
N: Wo wohnen Sie in dieser Stadt?
M: Ich wohne im Haus meiner Mutter, Manse Street 5. Ich bin verheiratet und ich habe einen Sohn und eine Tochter. Wir haben ein großes Haus und vor dem Haus wächst ein großer Baum.
N: Sehr gut. Und welche Arbeit haben Sie?
M: Ich arbeite in einem Geschäft, im Büro des Geschäfts. Ich bin Büroangestellte.
N: Das ist interessant. Ich bin Schulrektor. Und meine Frau arbeitet auch in dieser Schule. Sie ist die Sekretärin der Schule. *(die Hand ausstreckend)* Verzeihung. Ich heiße Ruairidh Mac an Tòisich.
M: Mòrag, Mòrag Nic a' Ghobhainn. Schön, Sie zu treffen.
N: Sehr gut. Nun, ich muss gehen. Ich bin wahnsinnig beschäftigt heute. Aber wie wäre es morgen mit einem Essen im Haus des Meeres zusammen mit meiner Frau und ihrem Mann?
M: Das ist ausgezeichnet. Wie wäre es um acht?
N: Acht Uhr morgen Abend. Wir sehen Sie dann!
M: Sehr schön. Wir werden vor dem Haus des Meeres auf Sie warten. Auf Wiedersehen.
N: Ja, dann, auf Wiedersehen.

Aonad 15 S. 116–118

In einem Restaurant

N: Nun, wo gehen wir heute Abend zum Essen hin?
S: Ich weiß nicht, Schatz.
N: Ich hätte gerne chinesisches Essen.
S: Schon wieder?! Wir waren doch gerade letzte Woche in einem China-Restaurant. Ich hätte dieses Mal gerne etwas anderes. Vielleicht französisches Essen?
N: Bist du von Sinnen?! Französisches Essen ist unheimlich teuer. Möchtest du traditionelles Essen heute Abend?
S: Ja. Das ist sehr gut. Aber Oma wird nicht zu Hause sein, um nach den kleinen Calum zu sehen.
N: Der kommt mit uns. Ich hoffe, er wird brav sein.
S: Ich auch. Los jetzt, es ist fast sieben Uhr und ich habe Hunger. Los Calum, Mami und Papi gehen mit dir in die Stadt.

Etwas später in einem Restaurant in der Stadt

N-F: Guten Abend.
N: Guten Abend. Haben Sie einen Tisch für drei: uns beide und den kleinen Calum?
N-F: Selbstverständlich. Hier ist ein Tisch für Sie, nehmen Sie Platz.
S: Setz dich, Calum, Schatz. Was möchtest du zum Essen?
C: Ich hätte gerne Pommes Frites mit Ketchup und Pizza!
N: Hier haben sie keine Pizza, Calum. Versuch (mal) Gemüse und Kartoffeln mit einem Stück Fleisch.
C: Das mag ich nicht! Ich will Pizza!
S: Calum, benimm dich! Hörst du, was Papi sagt? Sie haben keine Pizza. Ich werde Lachs in Haferschrot mit neuen Kartoffeln

und Erbsen nehmen. Das mag ich sehr gerne. Niall, was nimmst du zu essen?
N: Ich weiß noch nicht. Vielleicht Rindfleisch mit Kartoffeln und Bohnen. Das Fleisch ist hier sehr gut.
C: Ich mag kein Fleisch. Das ist tot!
N: Calum! Sei still und setz dich! Was willst du zu trinken?
C: Gar nichts. Ich will Pizza!
N-F: Nun, was nehmen Sie zu essen?
C: Pizza, ich will Pizza!
N: Ich nehme ein Steak mit Kartoffeln und Bohnen.
S: Und ich nehme Lachs in Haferschrot mit neuen Kartoffeln und Gemüse.
N-F: Tut mir leid, aber wir haben heute keinen Lachs, aber versuchen Sie doch den Hering. Der ist auch sehr gut.
S: In Ordnung. Und Calum will ein Stück Huhn mit Pommes Frites und Gemüse.
C: Nein, nein!!! Ich hasse Huhn! Es ist tot.
N: Herrgott noch einmal! Benimm dich oder du bekommst heute Abend überhaupt nichts zu essen!
S: Und wir hätten gerne eine Flasche französischen Rotwein. Haben Sie Bordeaux?
N-F: Ja, haben wir. Und was will Calum trinken?
C: ...
S: Hör auf Mami, Calum! Und spiel nicht mit dem Messer! Niall, tu das Messer und die Gabel weg. Calum spielt damit und das ist gefährlich.

Das Essen kommt

N-F: Hier ist der Fisch und das Steak für Sie und da ist das Huhn für dich, Calum.
S: Sag danke, Calum!
C: Danke.
N: Wie ist der Fisch?
S: Der ist in Ordnung, aber es fehlt etwas Salz darauf. Gib mir das Salz.
N: Hier hast du es. Das Fleisch ist sehr gut, aber es ist ein bisschen kalt. Der Teller ist kalt. Reich mir (mal) den Pfeffer!
S: Ist nicht genug Pfeffer auf dem Steak? Hier.
N: Danke. Schau mal Calum an. Er schläft. Was hat er?
S: Ich weiß nicht. Aber wo ist mein Rotwein?
N: Calum, wach auf! Sprich mit mir, mein Junge!
S: Wir müssen zahlen und dann nach Hause gehen.
N: Meine Güte! Was war das für ein romantischer Abend! Los, auf geht's!

Aonad 16 — S. 125/126

Eine Tour nach Frankreich – Teil 1

M: Warst du im Urlaub?
C: Ja. Wir, meine Frau Seonag und ich, waren mit dem Auto in Frankreich.
Wir waren 15 Tage da. Zuerst fuhren wir zum englischen Kanal. Und dann fuhren (segelten) wir mit der Fähre hinüber.
Wir bevorzugen die Fähre. Der Fahrer bekommt eine Pause und der Ausblick ist schön, wenn das Wetter schön ist.
M: Wo wart ihr dann?
C: Wir blieben die erste Nacht in Lille in einem kleinen Hotel. Es war ziemlich angenehm. Wir aßen dort unser erstes französisches Essen. Wir aßen Huhn und es war äußerst gut. Und wir tranken Wein, Rotwein aus Südfrankreich. Danach gingen wir aus in eine Kneipe. Ich habe französisches Bier getrunken und Seonag trank wieder Rotwein. Sie mag französischen Rotwein sehr. Wir blieben in der Kneipe bis Mitternacht.
M: Seid ihr den nächsten Tag auch in Lille geblieben?
C: Nein, wir fuhren weiter bis Straßburg am Rhein. Wir ließen das Auto in einem großen Parkhaus und liefen in der Stadt umher. Ich kaufte ein kleines Souvenir. Wir liefen zum Europäischen Parlament. Das war interessant. Seonag wollte eine kleine Tour in einem Schiff auf dem Rhein, aber wir hatten keine Zeit. Aber ein ziemlich großes Schiff fuhr vorbei, als wir auf den Fluss blickten.
M: Wart ihr danach in den Bergen, den Alpen?
C: Ja, ich fuhr hinunter und wir waren vier Tage in Grenoble. Wir blieben in einem

schönen Hotel. Wir aßen und tranken vom besten Essen.
Wir nahmen eine Bergbahn. Von dort kletterten wir auf den Gipfel eines hohen Berges und schauten umher. Wir schauten hinüber in die Schweiz. Es war entsetzlich kalt und wir blieben nicht so sehr lange. Den Abend verbrachten wir im Hotel, denn wir waren sehr müde. Wir schrieben unsere Karten und taten sie in die Post. Wir schauten ein wenig französisches Fernsehen und ich trank ein Getränk aus der Bar. Danach sprach ich ein wenig Französisch und ich war froh, dass die Franzosen mich verstanden.

Aonad 17 S. 132/133

Eine Tour nach Frankreich – Teil 2

M: Das ist die erste Woche. Wo wart ihr dann?
C: Wir fuhren hinunter ans Mittelmeer. Bis Monaco und Nizza. Wir nahmen einen Wohnwagen für fünf Nächte. Das war sehr gut. Wir fanden ein preiswertes Café mit gutem Essen und aßen dort. Wir fuhren viel umher und wir schwammen auch viel. Ich verbrannte mich in der Sonne. (Ich habe mir einen Sonnenbrand geholt.) Ich schlief am Strand. Ich war dabei, ein Buch zu lesen, als ich einschlief und die Sonne überhaupt nicht bemerkte. Seonag wurde braun in der Sonne. Sie war so braun, als wir nach Hause kamen. Sie schimpfte mit mir, weil ich keinen Sonnenschutz aufgetragen hatte.
M: Wart ihr in Paris?
C: Ja. Wir waren zwei Tage in Paris. Paris ist schön, aber völlig überlaufen (zu beschäftigt). Wir bestiegen den Eiffelturm und besuchten den Louvre. Aber es gab nicht genug Zeit, alles zu sehen. Wir machten eine kleine Tour auf der Seine und wir liefen und liefen. Wir machten eine kleine Fahrt mit der Metro. Wir kauften ein oder zwei Kleinigkeiten in Paris, aber es ist alles so teuer in Paris. Seonag hat ein Vermögen für ein Paar Schuhe ausgegeben. Sie probierte sie an und sie gefielen ihr so gut, dass sie sie sofort kaufte. Sie kaufte auch Kleider, aber die versteckte sie hinten im Auto. Sie erzählte mir nichts, bis wir zu Hause waren.
M: Hat euch eure Tour gefallen?
C: Die hat uns sehr gut gefallen. Sie hat genug gekostet, aber das war es wert. Wir kehrten glücklich nach Hause zurück. Die Kinder waren froh (es gefiel ihnen), als wir nach Hause kamen. Und auch der Hund wedelte mit seinem Schwanz. Und morgen werden wir wieder arbeiten.

Aonad 18 S. 138/139

Bei der Polizei

P: Wie lautet Ihr Name?
I: Iain, Iain Moireasdan.
P: Und wo wohnen Sie?
I: Ich wohne in Loch Boisdale in South-Uist.
P: Und welche Adresse haben Sie im Augenblick in Glasgow?
I: Hotel Manor Park, Balshagray Drive.
P: Nun, was ist geschehen?
I: Meine Tasche ist weg. Jemand hat sie gestohlen. Alles ist weg, mein ganzes Geld, mein Telefon, die Digitalkamera, es ist einfach schrecklich.
P: Na, na, na, beruhigen Sie sich. Setzen Sie sich und erzählen Sie mir, was geschehen ist. Wo waren Sie gestern Abend?
I: Ich war gestern Abend in der Stadt.
P: Und wie sind Sie da hingefahren?
I: Mit dem Bus.
P: Welchen Bus haben Sie genommen?
I: Ich habe die 62 von der Dumbarton Road in die Innenstadt genommen.
P: Sind Sie in der Innenstadt (aus dem Bus) ausgestiegen?
I: Nein, zuerst bin ich bei der Mansfield Street ausgestiegen.
P: Was haben Sie da gemacht?
I: Ich ging zum Laden der Gälischen Buchgesellschaft und ich kaufte dort ein oder zwei Bücher. Und danach nahm ich wieder den 62er Bus und fuhr in die Innenstadt.

P: Und die Tasche hatten Sie da noch?
I: Ja. Die hatte ich noch. Die Bücher waren in der Tasche, das Mobiltelefon, die Kamera und das Portemonnaie. Und jetzt ist alles weg. Das hat jemand gestohlen, ich bin (mir) sicher. Mit dem Geld.
P: Beruhigen Sie sich. Wo sind Sie in der Stadt ausgestiegen?
I: In der Nähe der Hope Street. Es gibt ein gutes Café auf der Hope Street, Café Hula, in der Nähe des Piping-Centres. Ich mag es sehr und ich ging dort hin und aß einen Salat dort.
P: Und die Tasche hatten Sie da noch?
I: Ja. Ich habe einen Freund angerufen und, wie ich schon sagte, war das Mobiltelefon in der Tasche. Und das Portemonnaie hatte ich auch noch, als ich den Salat bezahlte.
P: Sehr gut. Was passierte dann?
I: Dann ging ich in die Royal Concert Hall. Momentan läuft gerade Celtic Connections. Es gab ein Konzert mit Dudelsackmusik.
P: Haben Sie eine Eintrittskarte in der Royal Concert Hall gekauft?
I: Ja, und das Portemonnaie hatte ich da noch.
P: Wohin sind Sie danach gegangen?
I: Ich nahm wieder den Bus Nr. 62. Aber ich trank noch ein Glas oder zwei in der Park Bar auf der Argylestreet. Ich fuhr mit einem Taxi zurück ins Hotel, zahlte das Taxi und ging ins Bett.
P: Wann war das?
I: Ich bin gegen Mitternacht im Hotel angekommen.
P: Das bedeutet, dass Sie die Tasche im Taxi noch hatten, oder?
I: Sie haben Recht. Es hat sie niemand gestohlen. Ich habe sie im Taxi (liegen) gelassen.
P: Jawohl, und der Taxifahrer hat uns heute angerufen, dass er eine Tasche im Taxi gefunden hat. Er bemerkte sie im Fond des Wagens. Er sagte, dass sie komisch gerochen hat.
I: Du meine Güte! Der Fisch. Ich habe auch Fisch gekauft und natürlich ist der in der Tasche verdorben.
P: Genau, und hier ist Ihre Tasche. Der Taxifahrer hat sie zur Polizei gebracht. Und es ist noch alles da außer dem Fisch. Der hat furchtbar gerochen und ich habe ihn weggeworfen.
I: Vielen, vielen Dank! Alles ist noch da, das Telefon, die Digitalkamera und sogar das Geld. Das ist phantastisch.
P: Bitte sehr. Aber kaufen Sie keinen Fisch mehr! Auf Wiedersehen.
I: Auf Wiedersehen und nochmals vielen Dank.

Aonad 19 S. 146/147

Mein lieber Freund,

jetzt bin ich einen Monat in Schottland. Es ist ein schönes Land und ich mag es sehr. Ich habe viele interessante Sachen gesehen. Zuerst war ich in Lewis. Ich war in Ness und ich sah, wie die Fischer zurück aus Sula Sgèir kamen. Sie haben Gugas gefangen und getötet. Sie fangen sie einmal pro Jahr und danach warten die Leute von Ness auf die Fischer und versuchen einen Guga oder zwei zu bekommen. Ich weiß nicht, ob sie lecker sind, aber ein Fischer am Kai sagte, dass sie einfach unwahrscheinlich gut sind.

Ich fuhr nach Calanish und habe die Menhire gesehen. Sie haben mir gut gefallen, aber sie sind auch eigenartig. Niemand weiß, wer sie gebaut hat und warum. In der Nähe der Menhire gibt es einen Broch in Carloway. Und das reetgedeckte Haus in Arnol habe ich auch gesehen. Heute ist es ein Museum und ich habe viel über das Leben der Inselbevölkerung gelernt. Auf Harris habe ich einen Harris Tweed-Laden besucht und habe mir ein Jackett gekauft. Ich mag den Harris Tweed. Und ich habe einen langen Spaziergang am Strand gemacht.

Hast Du jemals Loch Ness gesehen? Nun, ich habe ihn letzte Woche gesehen. Er ist wahnsinnig groß, sehr lang und tief. Und das Wasser ist zu kalt zum Schwimmen.

Aber wir haben eine Tour im Boot auf dem See gemacht. Nessie habe ich allerdings nicht gesehen. Niemand weiß, ob ein Ungeheuer wirklich in dem See wohnt. Aber die Touristen mögen die Geschichte.
Als wir die Burg erreichten, hörten wir jemanden, der den Dudelsack spielte. Der Dudelsack quietschte und ich war froh, als wir an der Burg vorbei waren. Der Dudelsackspieler war überhaupt nicht gut. Ich wüsste gerne, wer den unterrichtet hat.

Danach war ich in Inverness. Dort habe ich einen Freund. Er ist Lehrer in der neuen gälischen Schule. Ich habe ihn in einem Café in der Stadt getroffen. In Inverness gibt es ein gutes Café in einer alten Kirche. Sie ist heute ein Buchladen mit Café. Wir tranken dort eine gute Tasse Tee und aßen auch ein Stück Kuchen. Das war echt lecker. Als wir zum Museum in der Stadt kamen, sahen wir, dass es geschlossen war. Es ist ein schlechtes Museum. Es stellt die Geschichte der Gälen aus, aber viel Gälisch gibt es da nicht.

Letzten Montag nahm ich das Flugzeug nach Benbecula. Als wir den Flugplatz in Ballivanich erreichten, regnete es. Ich wartete auf den Bus nach Lochboisdale, aber der kam nicht. Schließlich rief ich ein Taxi an und das kam sofort.

Heute ist es schön und sonnig und ich sitze in einem kleinen Café in Killdonan auf South-Uist. Ich habe mir die Ausstellung in diesem Museum angeschaut. Das lohnt sich. (Das ist es wert.) Die Leute dort sind nett und sie sprechen Gälisch. Heute Morgen ging ich zum Strand und wanderte ungefähr sechs Meilen bis zum nächsten Ort. Ich hörte nichts als das Meer und den Wind. Ich sah eine oder zwei Robben. Letztes Jahr habe ich einen Delphin gesehen. Aber nicht in Uist, sondern zwischen Mallaig und Armadale um die Fähre herum nach Skye.

Heute Abend werde ich bei einem Konzert mit Ailean und Iain MacDhòmhnaill sein. Sie werden den Dudelsack und die Flöte spielen. Hast Du sie jemals gehört? Das sind exzellente Dudelsackspieler. Die zwei sind echt klasse und ich bin sicher, dass sie mir gefallen werden.
Ich habe Dich gestern Abend angerufen, aber Du hast nicht abgenommen. Wo warst Du? Ich hoffe, es geht Dir gut. Ich fühle mich wohl hier. So, es warten Freunde auf mich. Das ist es für heute.

Mit freundlichem Gruß,
Dein Freund Cailean

Aonad 20 — S. 156/157

Im Krankenhaus

S: Donnchadh, bist du wach? Wie geht es dir?
D: Oh, du bist das. Es geht mir gut, danke. Ich lebe noch.
S: Ich bin sofort gekommen, als der Arzt mich angerufen hat. Was ist passiert?
D: Welchen Tag haben wir heute? Montag?
S: Nein. Heute ist Dienstag.
D: Du meine Güte! Ich habe zwei Tage lang geschlafen.
S: Ich weiß. Ich wollte dich gestern sehen, aber ich habe keine Erlaubnis bekommen. Nun erzähl mir, was dir widerfahren ist.
D: Nun, ich wollte zum Klettern nach Uist, Beinn Mhòr, du weißt schon.
Zuerst ging ich in die Touristeninformation in Lochboisdale, wo ich eine Karte der Gegend bekam. Die Dame dort war sehr hilfsbereit. Sie gab mir viele Informationen und Hinweise. Und sie warnte mich, dass es gegen Mittag regnen würde, aber es war so sonnig ...

S: Bist du in Ordnung?
D: Oh, ja. Ich bin nur ein wenig schwach. Gib mir ein Glas Wasser.
S: Hier. Und was geschah dann?
D: Nun, ich bestieg den Berg. Als ich den Gipfel erreichte – welch ein schöner Ausblick! So etwas habe ich noch nie zuvor gesehen. Aber ich sah, dass es neblig wurde. Ich wollte zurückkehren, da sah ich Blumen, die ich nie zuvor gesehen hatte.

Und ich wollte sie pflücken. Als ich meine Hand ausstreckte, konnte ich sie nicht erreichen, ich rutschte vom Felsen ab und fiel. Dann wurde es um mich herum dunkel und als ich wieder wach wurde, lag ich auf meinem Rücken. Mein linker Fuß, meine rechte Hand und mein Kopf taten weh. Ich versuchte, mich zu bewegen, aber das war äußerst schmerzhaft.
S: Aber wie bist du zurückgekommen?
D: Nun, warte eine Minute! Wie ich sagte, lag ich dort. Glücklicherweise hatte ich den Rucksack mit einer Flasche Wasser, Schokolade und Mobiltelefon mitgenommen. Die Flasche war in Ordnung, aber das Telefon war kaputt. Da bekam ich Angst.
S: Ganz bestimmt! Und was hast du dann gemacht?
D: Ich habe nichts getan außer zu warten. Anscheinend waren meine Hand und mein Fuß gebrochen. Der Arzt hat mir erzählt, wie sie erfahren haben, dass etwas passiert war. Die Hotelbesitzerin machte sich Sorgen, als ich nicht nach Hause kam, und rief die Polizei an. Die Polizei fuhr zur Touristeninformation und die Dame dort sagte, dass ich auf den Berg gegangen sei.
S: Da hast du aber Glück gehabt.
D: Wohl wahr, schließlich kam ein Hubschrauber aus Benbecula und brachte mich ins Krankenhaus nach Ballivanich.
S: Ich weiß. Das war in den Nachrichten. Und wie geht es deinem Fuß und deiner Hand?
D: Sie sind verbunden und ich habe ein Mittel gegen die Schmerzen bekommen. Ich habe auch eine Spritze bekommen. Ich bin auf dem Weg der Besserung.
S: Das ist sehr gut. Hier, für dich. Ich habe dir Plätzchen mitgebracht.
D: Vielen Dank, Sìne. Jetzt fühle ich mich schon viel besser.

Aonad 21 — S. 164/165

Bücher

E: Obwohl es sonnig ist, ist es kalt, oder?
S: Stimmt. Wenn dir kalt ist, mach die Heizung an.
E: Ach, ich bin in Ordnung. Ich habe einen warmen Pullover.
S: Welches Buch liest du da?
E: Das ist ein neues Buch. »Das Sommerhaus«.
S: Wer hat es geschrieben?
E: Der Autor heißt Aonghas Pàdraig Caimbeul. Er schreibt auch für die WHFP.
S: Oh, ich weiß. Das lese ich jede Woche. Der gute Aonghas ist ein guter Schreiber. Ist es ein gutes Buch? Ich habe es noch nicht gelesen.
E: Ich habe gerade mit diesem Buch angefangen. Es fängt aber schon gut an.
S: Sehr gut. Möchtest du eine Tasse Tee?
E: Ja. Welchen Tee hast du da?
S: Das ist der Tee, den ich in der Stadt gekauft habe, Earl Grey.
E: Klasse, das ist mein Lieblingstee. Hast du die Plätzchen gesehen, die ich von meiner Mutter bekommen habe.
S: Nein. Welche Plätzchen meinst du?
E: Die Plätzchen, die da auf dem Tisch sind. Die sind lecker zusammen mit dem Tee. Hast du heute die Zeitung gelesen?
S: Nein. Was haben sie geschrieben. Irgendetwas Wichtiges?
E: Jemand, der in Uist klettern war, hatte einen Unfall. Er stürzte, als er Beinn Mhòr bestieg. Er heißt Donnchadh MacAoidh. Kennst du den?
S: Ich bin mir nicht sicher. Gibt es ein Bild in der Zeitung?
E: Hier ist es. Das ist der Mann, der vom Felschen stürzte.
S: Ich kenne ihn nicht persönlich, aber er ist mir bekannt. Er arbeitet in Inverness. Das ist der Mann, der mir das Auto in Inverness verkauft hat. Das Auto, das dann kurze Zeit später kaputtgegangen ist.
E: Nun, jetzt sind sein Fuß und seine Hand gebrochen. Er ist im Krankenhaus in Ballivanich. Ist der Tee fertig?
S: Ja, natürlich. Hier hast du eine Tasse.
E: Danke, mein Schatz. Oh, das ist lecker, das ist der Tee, den ich mag.
S: Zurück zu den Büchern. Hast du noch ein anderes gälisches Buch gelesen?

E: Ja. Ich habe »An oidhche mus do sheòl sin« von Aonghas Pàdraig Caimbeul gelesen. Es ist unwahrscheinlich lang und schwer. Aber es ist nicht langweilig. Und ich mag lange und interessante Bücher, die voller Informationen und Geschichte sind.
S: Ich lese im Moment auch ein Buch, welches interessant ist: »Dacha mo ghaol« von Tormod Caimbeul. Ich hab's gekauft, denn das Bild auf dem Umschlag des Buches war lustig.
E: Ist es nicht gut, dass (so) viele gälische Bücher im Moment erscheinen? Es gibt einen neuen Verlag in Glasgow, Ur-Sgeul. Sie machen eine sehr gute und wichtige Arbeit.
S: Ich habe hier noch ein anderes Buch: »Dileas Donn« von Norma NicLeòid. Es ist leicht und einfach. Das ist ein Buch, das ich mag – interessant und spannend.
E: Und hier habe ich ein Buch, welches ich ganz besonders mag: »Asterix an Ceilteach«. Das ist so lustig.
S: Das ist echt lustig. »Ganz Gallien ist von den Römern besetzt – Ganz Gallien? Nein, ein kleines gallisches Dorf ...«
E: Kannst du das Buch auswendig? Super! Wenn ich in Glasgow bin, werde ich es beim Còmhairle nan Leabhraichean kaufen.
S: Dieser Laden ist ein gefährlicher Ort. Jedes Mal, wenn ich da bin, gebe ich einen Haufen Geld aus.

Aonad 22 S. 171/172

M: Hast du gehört, was Caitrìona passiert ist?
S: Nein. Erzähl!
M: Sie erwartet ein Kind.
S: Oh, das ist ja schön. Wer ist der Vater?
M: Ich weiß es nicht, sie hat es mir nicht erzählt. Aber ich habe einen Verdacht, wer es ist.
S: Los schon! Wer?
M: Erinnerst du dich daran, als wir und Caitrìona zum Tanzen in der Stadt waren, vor einem Monat oder zwei. Der Mann, mit dem sie getanzt hat. Das ist er, ich bin sicher.
S: Wie sah der aus?
M: Er war groß und schlank. Er hatte braune Augen. Und er hatte schwarzes Haar. Er sah sehr gut aus. Er heißt Ridseard.
S: Der Mann, mit dem sie den ganzen Abend lang gesprochen hat?
M: Ja, genau der. Ridseard Mac an Tòisich.
S: Oh, Schätzchen, da liegst du vollkommen falsch. Ich kenne Ridseard. Er ist ein sehr netter Mann. Aber er ist mit Iain zusammen, Iain Caimbeul. Sie sind Freunde von mir.
M: Du meinst, dass sie ...?
S: Ja, sie sind schwul. Wusstest du das nicht? Sie sind seit zehn Jahren zusammen und betreiben einen Laden in der Stadt. Iain kenne ich auch. Ein netter Mann.
M: Und was ist mit dir? Hast du auch endlich jemanden?
S: Nun ...
M: Sìne, erzähl es mir auf der Stelle! Wer ist es?
Oder warte, warte eine Minute, sei still! Ich weiß, wer es ist. Der Mann, der das Hotel in Perth hat, und er heißt ...
D: ... Calum Domhnallach!
S: Genau! Es stimmt. Und wir sind verlobt.
M: Sìne Mhoireasdan! Ich hatte ja einen Verdacht, dass da irgendetwas läuft, was ich nicht verstanden habe. Herzlichen Glückwunsch. Wann hast du ihn getroffen?
S: Nun, wir waren zusammen in Italien, Ridseard, Iain, ich selbst und Calum. Er ist ein Freund von Ridseard. Und zuerst dachte Ridseard, das Calum hinter Iain her wäre. Aber so war es nicht.
M: Und wie ging es weiter?
S: Also, ich hatte ein wahnsinnig schönes, leuchtend rotes Kleid an, es sah sehr gut aus. Wir gingen in das Restaurant, in dem wir vorher schon gewesen waren, und danach machten wir einen kleinen Spaziergang. Es war warm draußen, die Sterne schienen und es war Vollmond. Auf einmal schaute er mich an und sagte: »Sìne, ich liebe dich.«
M: Und was hast du zu ihm gesagt?
S: Ich hab gar nichts gesagt, aber ich habe ihm einen Kuss gegeben. Es war so roman-

tisch. Oh, ich bin so glücklich. Wir werden im nächsten Jahr in Italien heiraten. Und Ridseard und Iain werden wieder dabei sein.
M: Oh, ich freue mich ja so, das zu hören. Aber ich werde es niemandem weitererzählen.
S: Oh, da bin ich ganz sicher!

Aonad 23 S. 180/181

C: Oh, ich mag es nicht, einkaufen zu gehen.
S: Los jetzt, du brauchst etwas Neues zur Hochzeit deines Bruders. Eine schwarze Hose, ein weißes Hemd und ein schwarzes Sakko.
C: Das ist eine Hochzeit und kein Begräbnis. Oh, ich mag es überhaupt nicht, Kleider zu kaufen.
S: Du bist jetzt ruhig, los rein mit Dir in dieses Geschäft da. Schau mal. Neben der blauen Hose, das sieht gut aus. Das ist die gleiche schwarze Hose, die auch Donnchadh hat. Probier sie an.
C: Ich will diese Hose nicht anprobieren. Ich mag sie nicht.
S: Gut, dann müssen wir eine andere Hose suchen. Was ist mit dieser Hose hier?
C: Die mag ich auch nicht, aber gut, ich probiere sie an.
S: Guck mal im Spiegel, die Hose steht dir so gut. Und jetzt noch ein weißes Hemd und ein schwarzes Sakko, das zu der schwarzen Hose passt.
C: Ich mag ja lieber ein rotes Hemd zu der schwarzen Hose.
S: Bist du verrückt? Das ist so hässlich. So will ich dich nicht sehen.
C: Aber ich möchte ein rotes Hemd kaufen und ein weißes für die Hochzeit. Magst du jenes hier?
S: Zieh es mal an, ich muss das an dir sehen. Nun, das geht. Vielleicht ist es zu klein? Du bist ziemlich dick.
C: Bin ich nicht. Warum bist du so böse zu mir? Was hab ich falsch gemacht?
S: Nichts, außer, dass du zu viel gegessen hast.
C: Ich esse gerne und ich trinke auch gerne einen guten Wein. Sag mal, möchtest du hier ein Sakko kaufen oder willst du mich beschimpfen?
S: Schon gut, es tut mir leid.
C: Wo wird die Hochzeit stattfinden?
S: In der Stadt, zuerst in der Kirche und dann im Restaurant direkt neben der Kirche.
C: Neben der katholischen oder der evangelischen Kirche?
S: Nun, Seonag ist Protestantin und dein Bruder ist katholisch. Zuerst sind sie in der katholischen Kirche und dann ist das Essen im Restaurant neben der evangelischen Kirche. Und der protestantische Pastor hat gesagt, dass er auch kommt.
C: Das freut mich zu hören. Er ist ein netter Pastor. Erinnerst du dich noch daran, als wir geheiratet haben?
S: Daran erinnere ich mich sehr gut. Du warst nett, schlank und gut aussehend.
C: Und du warst hübsch, schlank, schlau und reich. Genau wie wir es heute noch sind.
S: Und nun wir müssen diese teure Hose hier bezahlen und dann werden wir nicht mehr reich sein.

Aonad 24 S. 189–191

Morgens im Kindergarten

T: Schau mal, was ich hier habe. Ich habe einen Turm gebaut.
D: Und ich habe auch einen gebaut.
T: Aber mein Turm ist höher.
D: Er ist höher, aber meiner ist schöner.
M: Tearlach, sei still.
T: Und du bist viel jünger als ich!
D: Bin ich nicht. Ich bin älter als du! Mami, hast du gehört, was er gesagt hat?
M: Ja. Sei brav und spiele mit deinem Bruder!
D: Ich will nicht mehr mit ihm spielen. Er ist blöde.
T: Das stimmt nicht, du bist blöder als ich.

Sie sehen Seonag, die hereinkommt.

D: Die ist blöde, sogar blöder als du.
M: Sag so etwas nicht, Dàibhidh. Das ist ein nettes Mädchen!
T: Ist sie nicht. Sie ist eine blöde Ziege. Wir sind schlauer und stärker.
M: Hör auf!

Abends in der Kneipe

C: Und wie waren die Kinder heute, Màiri?
M: Sie waren einfach schrecklich. Zuerst wollten sie nicht schwimmen und dann wollten sie nicht mit Seonag spielen.
C: Welche Seonag?
M: Die kleine Seonag von Seòras und Èilidh. Die ist so süß.
C: Und sie ist eine blöde Ziege, genau wie ihre Mutter. Und ihr Vater ist ein Widerling. Obwohl er ein wenig schlauer ist als sie.
M: Calum, was ist über dich gekommen? Bist du von Sinnen?
C: Es ist die Wahrheit. Ich habe ihn letzte Woche in der Kneipe getroffen und er wollte mich beschimpfen. Das ist der größte Widerling, den ich jemals unter der Sonne gesehen habe.

Seòras und Èilidh kommen herein.

A: Hallo, wie geht's?
C: Ganz gut, was gibt es Neues?
S: Och, nichts Besonderes. Wir haben heute ein Haus gekauft. Jetzt haben wir ein viel größeres Haus als ihr.
C: Herzlichen Glückwunsch. Aber wir haben ein neues Auto. Es ist ein Mercedes und es ist viel teurer als euer altes Auto.
E: Und unser Haus ist jetzt das größte in der Stadt.
M: Och, sei doch still! Und euer Auto ist ohne Zweifel das schmutzigste und hässlichste in der Stadt.
E: Aber wir haben auch ein Schwimmbad im Garten. Das größte, das du je gesehen hast.
M: Vielleicht ist das so, aber ich will sowieso nicht darin schwimmen. Calum, ich würde gerne in eine andere Kneipe gehen.
C: Du hast Recht, Màiri, aber nur noch das eine, Seòras: Wenn du glaubst, dass du reicher bist als wir, dann hör mir zu: Wir haben zwei neue Kreditkarten, ein Segelboot und ein Bankkonto in der Schweiz. So, da hast du es! Guten Abend!

Màiri und Calum gehen zur Tür.

M: Ich wusste gar nicht, dass wir ein Bankkonto in der Schweiz haben.
C: Das haben wir auch nicht. Das war gelogen. Unglücklicherweise haben wir jede Menge Schulden. So, und jetzt komm, raus hier, ich möchte fernsehen. Heute Abend gibt es einen Film und den möchte ich sehen.

Aonad 25 S. 198/199

Seumas' Tag

Jeden Morgen um sechs Uhr stehe ich auf. Zuerst stelle ich das Radio an. Ich gehe ins Bad, putze mir die Zähne und nehme eine Dusche. Ich ziehe mich an und dann höre ich die Nachrichten um sieben Uhr. Danach gehe ich runter in die Küche und mache Kaffee. Ich gehe in den Laden, um mir eine Zeitung zu holen. In der Zwischenzeit ist der Kaffee fertig und ich frühstücke. Ich esse keine Tomate, Speck und Schinken, denn ich werde zu dick. Ich mag lieber Haferbrei, Obst und Joghurt. Um acht Uhr muss ich das Haus verlassen und ich nehme den Bus um zehn nach acht. Der Bus kommt fast jeden Morgen zu spät. Wann wird er heute kommen? Wer weiß? Oft muss ich zur Arbeit laufen. Normalerweise sind alle im Büro müde. Ich denke, ich werde nächstes Jahr ein Auto kaufen, und dann muss ich nicht mehr laufen. Ich bin sehr beschäftigt im Büro und um fünf Uhr bin ich sehr froh. Ich verlasse das Büro so schnell, wie es geht. Um halb sechs treffe ich mich mit einem Freund und wir nehmen ein Pint in einer Kneipe und wenn wir Lust haben, dann nehmen wir auch eine Kleinigkeit zu essen. So um acht Uhr komme ich nach Hause und schaue fern, bis ich um Mitternacht ins Bett gehe.

Màiris Tag

Normalerweise stehe ich um halb sieben auf. Ich gehe ins Badezimmer und dusche. Danach putze ich mir die Zähne, ziehe mir ein Hemd und eine Hose an und gehe in die Küche.
Ich mache eine Kanne Tee für mich und die Kinder. In der Zwischenzeit stehen die Kinder auf und machen sich für die Schule fertig. Wir frühstücken zusammen, bis der Bus kommt.
Danach muss ich mich beeilen, ich arbeite bei einer großen Firma in der Stadt. Ich bin Sekretärin. Oft nehme ich den Zug zur Arbeit. Das ist bequem für mich, ich schlafe im Zug, bis er in der Innenstadt ankommt. Ich muss bis um eins im Büro arbeiten. Danach fahre ich zurück nach Hause. Die Kinder kommen aus der Schule zurück und wir essen gemeinsam zu Mittag. Wir essen nur eine Suppe und Salat. Wir essen zusammen zu Abend, wenn mein Mann von der Arbeit kommt. Er ist Architekt und manchmal ist er sehr beschäftigt und kommt abends gar nicht nach Hause. Aber manchmal, wenn er nicht so beschäftigt ist, schaut er nach den Kindern und ich arbeite im Büro. Wir brauchen das Geld, denn wir beabsichtigen, im nächsten Jahr ein Haus zu bauen. Es wird ein großes Haus sein. Wir brauchen ein Zimmer für Großmutter. Sie wird alt und sie wird dann mit uns zusammen wohnen. Das wird sehr gut. Sie hat versprochen, dass sie nach den Kindern schauen wird.

Aonad 26 S. 206–208

C: Und wann muss ich hier anfangen?
D: Montag kommender Woche um sechs Uhr. Geht das?
C: Ja, das passt. Der Bus kommt um Viertel vor sechs an und ich werde nicht zu spät kommen. Muss ich am Sonntag arbeiten? Ich frage, weil dann kein Bus fährt.
D: Nein, außer vielleicht manchmal. Und wenn, dann gibt es Taxis und die Firma wird sie bezahlen. Nun, wissen Sie, was Sie tun müssen?
C: Noch nicht.
D: Sie müssen täglich die Böden kehren und die Teppiche in den Fluren staubsaugen, und Sie müssen die Fenster alle vierzehn Tage putzen.
C: Das mache ich ohne Probleme. Was noch?
D: Nun, es ist nicht so furchtbar schmutzig hier. Außer das Zimmer unseres Sekretärs. Er hat zwei Jungen, und wenn diese zwei kleinen Jungs in seinem Büro spielen, ist alles durcheinander. Das müssen Sie aufräumen.
C: Ich habe selber Kinder, daran bin ich gewöhnt.
D: Sie haben die Tische, die Stühle und die Computer ebenfalls zu reinigen. Dazu dürfen Sie kein Wasser verwenden. Es darf kein Wasser in die Computer geraten.
C: Welches Reinigungsmittel kann ich dann für die Computer benutzen?
D: Hier haben Sie eine Flasche Compuglan. Das ist ein guter Reiniger. Und noch etwas. Sie müssen mit den kleinen Tischen in den Büros vorsichtig sein. Die waren furchtbar teuer. Benutzen Sie nicht zuviel Reinigungsmittel.
C: Was mache ich mit den Pflanzen und den Blumen?
D: Die Pflanzen und die Blumen benötigen zweimal die Woche Wasser. Aber Sie müssen aufpassen. Sie mögen nicht zuviel Wasser.
C: Und der Müll? Wohin bringe ich den Müll?
D: Wir verwerten den Müll weiter. Sie bringen den Müll in unsere unterschiedlichen Mülltonnen. Es gibt eine für die Flaschen, eine für Plastik und eine weitere für die Zeitungen.
C: Wo sind die Mülltonnen?
D: Haben Sie die Garagen gesehen? Neben den Garagen sehen Sie die Mülltonnen in verschiedenen Farben.
C: Wo bekomme ich heißes Wasser, Putzlappen, einen Besen und Eimer?
D: In einem kleinen Zimmer genau neben den Toiletten. Dort finden Sie alles. Wenn Sie etwas anderes benötigen, schreiben Sie es auf einen Zettel, ich werde es am folgenden Morgen lesen und einkaufen.

C: Wie viele Büros muss ich putzen?
D: Fünf Büros, zwei Küchen und drei Toiletten.
C: Das ist in Ordnung. Bekomme ich Plastikhandschuhe für die Toiletten?
D: Selbstverständlich. Die sind ebenfalls dort, wo die Putzmittel sind. Jetzt habe ich noch etwas vergessen: Können Sie auch die Autos waschen?
C: Wie viele Autos haben Sie?
D: Nur zwei Autos und den Transporter.
C: Ja. Das mache ich ebenfalls. Wie oft muss ich die Autos waschen?
D: Nur einmal im Monat – das reicht.
C: Ich habe eine Frage: Darf ich hier rauchen, während ich arbeite?
D: Um Gottes Willen! Nein! Rauchen ist in allen öffentlichen Gebäuden verboten.
C: Na gut. Ich werde draußen rauchen. Was mache ich, wenn das Telefon klingelt?
D: Lassen Sie es. Sie dürfen das Telefon nicht beantworten. Die Büros sind nicht geöffnet, wenn Sie frühmorgens da sind. Haben Sie noch eine Frage?
C: Ja. Wenn ich früh am Morgen aufstehe, habe ich keine Zeit, einen Kaffee zu trinken. Darf ich mir hier einen Kaffee machen?
D: Selbstverständlich. Das verstehe ich sehr gut. Ich brauche auch morgens einen starken Kaffee. Kaffee und Zucker sind in der Küche und Milch finden Sie im Kühlschrank.
C: Und wann muss ich fertig sein?
D: Die Mitarbeiter kommen um zehn Uhr. Dann müssen Sie fertig sein.
C: Das ist alles bestens. Ich fange dann nächste Woche an.
D: Ich bin froh, das zu hören. Es ist ziemlich schwer, heutzutage fleißige Putzleute zu finden.

Aonad 27 S. 218–220

Seòras ist ein Bauer. Iain verbringt eine Woche auf dem Bauernhof seines Freundes Seòras. Iain wohnt in der Stadt und deshalb hat er viele Fragen über das Leben auf einem Bauernhof.

I: Wann stehst du jeden Tag auf?
S: Ziemlich früh morgens. Normalerweise stehe ich zwischen fünf und sechs Uhr auf.
I: Und was machst du dann zuerst?
S: Ich beginne mit den Kühen. Ich muss sie melken, morgens und auch abends. Als ich jung war, habe ich das mit meinen Händen gemacht, aber heutzutage haben wir für diese Arbeit eine Maschine.
I: Wie viele Kühe hast du?
S: Ich habe 20 (von ihnen), aber wir haben auch viele andere Tiere.
I: Nun, wenn ich mich so umschaue, sehe ich Hühner, einen Hahn, die Gänse und ihre Küken. Und ich kann einen Hund und zwei Katzen sehen.
S: So ist es. Und zusätzlich haben wir auch Schweine und Ferkel. Schweine sind im Hochland nicht so verbreitet (üblich), aber wir haben 50. Es ist eine alte Rasse und ihr Fleisch ist unwahrscheinlich lecker.
I: Was fressen die Schweine?
S: Sie fressen nur Gras und Kräuter und sie wühlen im Boden, ob sie etwas Leckeres wie Würmer oder Schnecken finden. Die mögen sie besonders gerne.
I: Und was bekommen die Kühe zu fressen?
S: Die bekommen das Gleiche. Sie sind den ganzen Sommer über draußen und sie kommen nur zur Melkzeit nach Hause oder wenn es im Winter kalt ist. Sie bekommen nur natürliches Futter. Manchmal gebe ich ihnen einen Klumpen Salz und den lecken sie dann.
I: Das wusste ich nicht. Ich sehe dort eine Kuh, die ziemlich dick ist. Hat sie zu viel gefressen?
S: Nein. Sie ist trächtig. Ich hoffe, sie gebiert nächste Woche ein Kalb. Wir haben schon drei Kälber und bald werden wir ein weiteres haben.
I: Wenn du Hühner hast, dann legen sie bestimmt viele Eier?
S: Das stimmt. Sie legen um die zwanzig Eier jeden Tag.
I: Was machst du damit?
S: Wir haben einen kleinen Laden auf dem Bauernhof. Meine Frau führt den Laden und sie verkauft die Eier, Rindfleisch, Schweinefleisch und Lammfleisch.

Und außerdem Kartoffeln und Gemüse aus dem Garten. Unser Fleisch hat letztes Jahr einen Preis gewonnen, weil es so lecker war.
I: Herzlichen Glückwunsch! Du bist bestimmt ziemlich stolz auf dich. Ist das Biofleisch?
S: Nein. Aber wie ich gesagt habe, die Tiere bekommen nur natürliches Futter, sie liegen auf Stroh und sie wachsen in einer natürlichen Umgebung auf. Manche sagen, dass Biofleisch besser ist als gewöhnliches Fleisch, aber ich weiß nicht, ob das stimmt. Wenn du die Tiere pfleglich gemäß ihrer Lebensweise behandelst, ist das genau so gut. Und ich muss zugeben, dass meine Frau den Preis gewonnen hat. Und ich war sehr stolz auf sie.
I: Schlachtet ihr die Tiere selbst?
S: Nein. Da kommt jemand, um das zu machen.
I: Hast du auch Schafe?
S: Nein. Wir mögen hier keine Schafe. Sie verderben den Boden. Auf einem Boden, wo vorher Schafe waren, wächst nichts mehr. Aber wir haben Ziegen. Du kannst ihr meck meck den ganzen Tag hören. Meine Frau macht Käse mit ihrer Milch. Und Ziegen leben von allem Möglichen. Sie benötigen kein besonderes Futter. Siehst du die Ente dort am Fenster, die mit ihrem Schnabel gegen es (das Fenster) pickt? Ich muss sie füttern.
I: Wo ist Daibhidh, dein Sohn, im Moment?
S: Er ist draußen auf einem Feld mit dem Traktor. Er bringt Dünger aus. Wir haben äußerst fruchtbare Felder. Aber ich brauche den Traktor zurück. Heute ist es trocken und da müssen wir die Gerste ernten. Wir haben viel Gerste gesät und sie ist gut dieses Jahr. Wir verkaufen sie an eine Destillerie in unserer Nähe.
I: Das ist wirklich interessant. Oh, was ist das? Da ist etwas Feuchtes auf meinem Kopf.
S: Das ist Vogelkacke! Sei gesegnet und Willkommen auf dem Land!

Aonad 28 **S. 225–227**

I: Wohin gehst du?
C: Ich gehe Màiri besuchen.
I: Warum gehst du sie besuchen, kommst du nicht zu unserem Treffen heute Abend?
C: Welches Treffen?
I: Das Treffen, welches um acht Uhr in der St. Peter Halle stattfindet.
C: Das habe ich vergessen, tut mir leid. Warum findet es statt?
I: Wir werden die Windkraftanlagen diskutieren. Hast du das nicht im Radio gehört? Sie sind kurz davor, diese Maschinen in der Heide zu bauen.
C: Und ist das schlecht? Was denkst du?
I: Nun, einige sagen, dass dies die Umwelt schädigen wird, und andere sagen, dass es eine gute Sache ist. Sie möchten lieber grünen und sauberen Strom, statt Öl und Gas zu verbrennen. Das schädigt die Umwelt ohne Zweifel.
C: Ich muss sagen, dass mir dieses Thema egal ist. Es ist mir gleichgültig, ob ich Energie aus Öl, Wind oder Kohle bekomme – solange ich überhaupt Energie und Brennstoff habe.
I: Calum, ich möchte das jetzt nicht auf der Straße diskutieren. Kommst du jetzt zum Treffen oder kommst du nicht?
C: Ich komme nicht und ich sage dir auch warum: Als ich ein kleiner Junge war, hatten wir einen offenen Kamin und einen Herd. Wir gingen Torf stechen und brachten ihn mit dem Traktor nach Hause. Es gab genügend Torf, um das Haus warm und gemütlich zu halten. Dann, als ich ein Teenager war, kamen die Umweltschützer und sagten, wir würden zu viel Torf verbrauchen, und dass das die Umwelt schädigen würde. Mein Vater kaufte eine Ölheizung und dann stand ein Öltank im Garten. Das war teuer genug und davor war der Torf gratis.
I: Aber siehst du nicht, dass Öl und Gas von Tag zu Tag teurer und teurer werden? Windenergie wird viel billiger sein.
C: Das glaube ich. Und ich möchte auf keinen Fall Atomenergie.

Aber ich will die Windkraftanlagen hier nicht sehen. Sie töten die Vögel, wenn diese in die Nähe der Flügel kommen.
I: Aber das ist nachhaltige Energie. Und das ganze Jahr lang, im Frühling, im Sommer, im Herbst und im Winter, wird es hier windig genug sein, um Energie fast umsonst zu erzeugen.
C: Und wer wird den Profit aus diesen Mühlen ziehen, die Gemeinde oder eine große Firma von außerhalb?
I: Nun, selbstverständlich wird eine große Gesellschaft Profit damit machen, aber wir würden das auch. Sie müssen Pacht zahlen für den Grund und Boden, den sie benutzen, um die Mühlen zu bauen. Ich bin zum Gemeinderat gegangen, um die Pläne zu sehen, und zehn Mühlen werden sie auf meinem Grund bauen.
C: Ach, ich weiß nicht. Grüne und nachhaltige Energie! Wir haben neue Putzleute in der Firma, in der ich arbeite. Und es gab einen Hinweis, dass sie damit anfangen werden, unseren Müll wiederzuverwerten. So ein Quatsch! Solche Ideen kommen aus Europa. Die Europäische Union ist dafür verantwortlich, bestimmt!
I: Die sind dafür überhaupt nicht verantwortlich, sondern wir selbst. Der Grund ist, dass wir alle zu viel Energie und Kunststoff verbrauchen, und auch ich habe verschiedene Mülltonnen.
C: Na toll! Und wenn die Müllabfuhr kommt, wirft sie alles auf die gleiche Mülldeponie.
I: Calum, ich weiß nicht, was ich sagen soll. Liest du keine Zeitung? Siehst du nicht die Nachrichten im Fernsehen? Wenn ich ein wenig Zeit hätte, würden wir diskutieren, wie wichtig die Wiederverwertung und saubere Energie ist, um Kohlendioxid zu vermeiden. Aber ich muss laufen, ich möchte nicht zu spät kommen. Und ich hoffe, dass die Windkraftanlagen in nicht allzu langer Zeit gebaut werden. Tschüss Calum.
C: Mach's gut, Iain.

Aonad 29 — S. 237–239

Vorbereitung eines großen Festes

Mo: Mutter, was denkst du, wie viele Leute werden zu deinem Geburtstag kommen?
Ma: Was hast du gesagt?
Mo: Kannst du bitte dein Hörgerät anmachen? Wie viele Leute werden zu deinem Geburtstag kommen?
Ma: Ja. Jetzt ist es an.
Ich weiß es nicht, mein Schatz. Ich habe eine Einladung an hundert geschickt, und wenn fünfzig von ihnen kommen, bin ich froh.
Mo: Wir haben Platz für sechzig im Hotel. Aber ich habe keinen Schimmer, wie ich die Familie bei Tisch platzieren soll.
Ma: Solange du an meiner Seite sein wirst, werde ich jedem Plan zustimmen, den du hast. Aber pass auf! Tearlach mag Eilidh nicht. Er wird nicht neben ihr sein wollen.
Mo: Warum? Sie waren fünfzehn Jahre lang verheiratet.
Ma: Er hat sich von ihr scheiden lassen. Das ist der Grund. Du musst jedenfalls vorsichtig sein.
Mo: Das weiß ich. Ich kann nicht schlafen, wenn ich an diesen Tag denke. Es gibt zehn Plätze an deinem Tisch. Einer für dich, einer für mich, bleiben Stühle für acht weitere. Wen möchtest du dir gegenüber haben?
Ma: Wie wäre es mit deinem Bruder und seiner Frau, Sìne? Und neben ihnen zu ihrer Rechten werden deine Schwester und Calum sitzen. Wäre das nicht gut? Ich möchte meine Familie um mich haben. Ich sehe sie nicht an Weihnachten und an Hogmanay habe ich sie auch nicht gesehen. Als dein Großvater und deine Großmutter noch lebten, trafen wir uns immer an Silvester.
Mo: Wo werden Iain und Ridseard sein?
Ma: Die werden uns gegenüber sein am Tisch. Und wie immer auch einige sich beklagen werden, Iain ist mein Sohn und Ridseard sein Mann. Sie gehören zur Familie.
Mo: Und was denkst du, wird der Pastor sagen?

Ma: Das ist mir egal. Und ich weiß nicht, was du gegen sie hast. Außerdem: Warum bist du eigentlich nicht verheiratet?
Mo: Mutter! Ich bin diese Frage leid. Ich möchte nicht heiraten und das weißt du sehr gut.
Ma: Und was wird der Pastor sagen, wenn ich ihm erzähle, dass ich dich zusammen mit seinem Sohn gesehen habe?
Mo: Da ist nicht Schlechtes dran. Wir sind im gleichen Alter.
Ma: Lassen wir das. Nun, was machen wir mit all den Enkeln? Ich will sie nicht in meiner Nähe haben. Sie werden sich streiten und die ganze Zeit herumschreien.
Mo: Entschuldige bitte, Mutter, sie sind alle zwischen zwanzig und dreißig Jahre alt.
Ma: Ich weiß nicht, warum du das sagst? Morgen werde ich neunzig Jahre alt sein, aber ich bin nicht durcheinander. Ich sagte, ich mag ihr Geschrei nicht, und das habe ich auch so gemeint. Sie bekommen ihren eigenen Tisch, zusammen mit ihren teuren Frauen. Vielleicht vor dem Buffet, so schmal und hungrig, wie die aussehen.
Mo: Was bin ich froh, wenn das vorbei ist! Jetzt schau dir mal diesen Plan an: Deine Söhne und deine Töchter sowie ihre Männer und Frauen sind alle um dich herum. Ich sitze an deiner rechten Seite, aber wer wird an deiner linken Seite sitzen?
Ma: Ailean!
Mo: Wer?! Meinst du Ailean aus Aberdeen? An deiner Seite, der Seite meines Vaters?
Ma: Ja, genau der! Dein Vater ist vor mehr als zwanzig Jahren gestorben und ich bin jetzt alt genug. Ich tue, wozu ich Lust habe, und ich sage dir, dass ich Ailean an meiner linken Seite haben will. Kannst du ihm eine E-Mail schicken?
Mo: Selbstverständlich. Das werde ich tun.
Ma: Aber da ist noch ein Stuhl leer – der zwischen Ridseard und Iain auf der einen Seite und dir auf der anderen Seite. Wer wird zwischen euch sitzen?
Mo: Wer wird zwischen uns sitzen. Das ist eine gute Frage, aber das werde ich dir heute nicht erzählen, du wirst es morgen sehen. Und ich bin sicher, dass du einen Geburtstag haben wirst, denn du nie mehr vergessen wirst.
Ma: Den Verdacht habe ich auch und ich freue mich riesig darauf.

Aonad 30 **S. 246/247**

Es ist Mitternacht und Iain klopft an die Tür von Calums Haus.

C: Wer ist da?
I: Dein Freund Iain, mach die Tür auf!
C: Kann ich im Moment nicht, aber komm rein, sie ist offen.
I: Ist sie nicht, wo bist du? Bin ich der erste Besucher heute Abend?
C: Nein. Und sie ist auf! Ich bin im Bett, aber warte eine Minute, ich mache auf.

Calum öffnet die Tür. Er sieht überhaupt nicht gut aus.

I: Himmel! Was ist passiert? Hast du vergessen, welchen Tag wir heute haben?
C: Es ist nicht so, dass ich es vergessen habe, aber ich mag diese Nacht nicht!
I: Das ist ja schade! Warum denn nicht? Ist es nicht schön, Freunde zu sehen, trinkst du nicht gerne einen Whisky zusammen mit ihnen?
C: Normalerweise schon, na klar! Aber dieses Jahr möchte ich niemanden sehen. Das war überhaupt kein gutes Jahr. Und ich war die ganze Woche so beschäftigt – ich muss eine Pause haben.
I: Ich kann nicht glauben, dass das wahr ist. Los, jetzt nehmen wir einen zusammen und dann erzählst du mir, was falsch läuft. Was meinst du?
C: Na gut. Hier hast du ein Glas. Prost!
I: Auf deine Gesundheit. Hat dich bis jetzt noch niemand besucht?
C: Nein, keiner außer dir, aber Eilidh ist abgehauen vor einigen Wochen.
I: Was?! Wo ist sie hin (gegangen)?
C: Ich weiß es nicht, aber ich habe den Verdacht, dass sie mit jemand anderem zusammen ist.
Ostern waren wir in Urlaub auf Lewis. Sie beschwerte sich und beschimpfte mich die

ganze Zeit, bis wir nach der ersten Woche nach Hause gefahren sind. Sie war schon seit Monaten eigenartig. Das muss im August angefangen haben. Im September sagte sie, dass sie eine neue Arbeit in Aberdeen habe, und ich wurde misstrauisch, als sie im Dezember sagte, dass sie für eine Woche weg sein würde.
I: Und ich habe sie auf unserem Cèilidh an Halloween vermisst, als du alleine, ohne sie kamst.
C: Und ich vermisse sie erst, seit sie weg ist. An diesem Abend kam ich nach Hause, öffnete die Haustür und hatte das Gefühl, dass irgendetwas nicht stimmte (falsch war). Im Flur sah ich dann ein Stück Papier mit einer Nachricht, dass sie weg war und dass sie alles, was ihr gehörte, mitgenommen hatte. Ich habe mich umgeschaut und tatsächlich (es war so) waren alle ihre persönlichen Dinge weg.
I: Und warst du an Weihnachten dann auch alleine?
C: Ja, so war es. Und ich war schrecklich einsam.
I: Aber heute Abend nicht. Heute ist die Nacht des neuen Jahres und du musst mit mir kommen. Wir gehen Freunde besuchen und danach wird es dir (bestimmt) viel besser gehen.
C: Danke Iain. Du bist ein wahrer Freund.
I: Los, mach dich fertig. Gewöhnlich besuche ich heute Nacht eine Menge Häuser. Prost!
C: Prost! Es ist fast Mitternacht. Auf dass du lange leben mögest und immer Rauch aus deinem Schornstein kommt! Lass uns gehen!

Aonad 31 **S. 253/254**

Seumas besucht Anndra wegen eines Interviews über sein Leben.

S: Sie wohnen heute in einem schönen Haus. Aber ich denke (mal), dass Ihr Haus nicht so war, als sie jünger waren.
A: Da hast du Recht. So war es überhaupt nicht. Als ich jünger war, gab es dieses Haus überhaupt nicht. Siehst du diese Scheune da? Wir wohnten in einem Haus dort, wo jetzt die Scheune steht. Es gab nur drei Zimmer, eine Küche und zwei Schlafzimmer. Ich hatte drei Brüder und es gab kein eigenes Zimmer für mich.
S: Also war Ihr Leben früher (in den alten Tagen) nicht besser.
A: Nein. Es war keinesfalls besser. Aber in gewisser Weise – vielleicht waren wir glücklicher. Weißt du, unser Leben war einfacher als das Leben heute.
S: Können Sie mir erzählen, wie Sie aufgewachsen sind?
A: Selbstverständlich. Ich wurde in einem kleinen Dorf geboren in der Nähe des Ortes, wo ich heute wohne. Dort ging ich auch zur Schule. Es war eine kleine Schule und es gab nur eine Klasse mit einem Lehrer. Wir konnten alle Gälisch, aber wir durften Gälisch nicht in der Schule sprechen. Mr. Smith war ein strenger Lehrer. Er war aus England und konnte überhaupt kein Gälisch. Immer, wenn wir Gälisch sprachen, schlug er uns mit einem Ledergürtel.
S: Ist das wahr?
A: Und ob das wahr ist! Aber außerhalb der Schule haben wir alle Gälisch gesprochen. Wir hatten kein Fernsehen, aber wir spielten am Strand und auf dem Machair. Aber ich musste auch arbeiten. Wir hatten Vieh und im Sommer musste ich es hüten. Eines Tages war ich faul und eine der Kühe lief weg. Sie lief in den Garten meiner Mutter und fraß jedes Kraut, was darin wuchs.
S: Und was passierte dann mit Ihnen?
A: Nun, zuerst schlug meine Mutter die Kuh und danach versuchte sie mich zu schlagen. Aber sie kriegte mich nicht zu packen. Ich lief weg zu meinem Großvater.
S: Und welche Arbeit hatte Ihr Vater?
A: Er war Crofter. Wir hatten eine kleine Croft und er webte auch etwas. Weißt du – er verdiente nicht genug Geld für die große Familie, die er hatte, er selbst, seine Frau, meine Schwester Màiri und uns vier Brüder.
S: Erinnern Sie sich an den Aufstand der Crofter?

A: Nein. Das passierte, als mein Großvater jung war. Mein Vater hat mir ein- oder zweimal davon erzählt. Der Bruder meines Großvaters hat Schottland während der Zeit der Vertreibungen verlassen. Er ging nach Kanada. Er war jünger als mein Großvater, und als das Leben in Schottland schlechter wurde, ging er. Und das Leben wurde auch für meinen Großvater schwieriger. Er musste sein Haus und seine Croft verlassen. Dort war der Boden (nämlich) fruchtbarer als am neuen Platz. Und die Grundherren wollten das fruchtbarere Land für ihre Schafe. Wie du siehst, war das Leben keinesfalls besser.
S: Das ist sehr interessant. Für mich ist es schwierig, das zu glauben. Ich habe auch ein Buch darüber gelesen, aber das, was Sie gesagt haben, war viel interessanter.
A: Die Umstände haben sich vollkommen verändert. Wir durften Gälisch nicht in der Schule sprechen, und heute ist es so, dass die Kinder meines Bruders in die Gälische Schule von Glasgow gehen. Ach, ich habe noch mehr zu erzählen. Wenn du willst – komm mich jederzeit besuchen.
S: Danke. Ich würde mir wünschen, mehr über das Leben früher zu erfahren.
A: Natürlich, aber es ist ziemlich trocken hier. Siehst du die Flasche auf dem Tisch dort? Wir trinken einen, bevor du gehst, und nächste Woche reden wir wieder.
S: Das ist eine ausgezeichnete Idee. Prost!

Aonad 32 **S. 261/262**

Der Traum – Wenn ich reich wäre

T: Schau dir das an, ein Brief vom Finanzamt. Sie wollen achthundert Pfund von mir.
S: Um Gottes Willen! 800 Pfund. Das ist ein Haufen Geld,
T: Allerdings. Und außerdem müssen wir Ende des Monats die Miete bezahlen.
S: Und Gas, Strom und Wasser auch. Wie viel Geld haben wir noch?
T: Ein bisschen auf der Bank – vielleicht 300 Pfund, aber das ist es dann auch.
S: Wir haben nicht genug Geld. Was machen wir denn jetzt?
T: Ich habe keinen Schimmer. Ich werde den ganzen Tag, die ganze Woche arbeiten. Gut, ich könnte auf Hochzeiten oder in Kneipen Dudelsack spielen und würde noch ein wenig Geld zusätzlich machen.
S: Aber dann wärest du nicht mehr zu Hause und ich würde dich vermissen.
T: Wäre es nicht schön, wenn wir reich wären?
S: Das wäre es, ohne Zweifel! Das ist ein schöner Traum. Was würdest du tun, wenn du reich wärest?
S: Also, wenn ich reich wäre, würde ich zuerst ein neues Haus kaufen – vielleicht auf Skye oder in Plockton.
T: Ich würde auch ein neues Haus kaufen, aber nicht auf Skye oder in Plockton. Vielleicht auf Mull. Doch, ja, ich würde gerne ein Haus in Tobermory oder Bunessan kaufen. Würdest du mit mir zusammen auf Mull wohnen?
S: Ja. Ich mag Mull auch. Als ich jünger war, waren wir jedes Jahr auf Mull in Ferien.
T: Klasse! Ich würde unsere alte Karre verkaufen und ein größeres Auto kaufen.
S: Aber was würdest du machen, wenn du reich wärest und nicht verheiratet?
T: Das ist eine gefährliche Frage. Ich weiß nicht, ob ich wieder heiraten würde.
S: Du bist aber nett. Wenn ich einen Haufen Geld hätte, würde ich eine Unmenge an Büchern kaufen und ich würde sie alle lesen. Dieser Gedanke gefällt mir.
T: Und du bist gut im Schreiben. Würdest du ein Buch schreiben? Zeit hättest du genug. Du müsstest nicht mehr arbeiten und könntest den ganzen Tag schreiben.
S: Stimmt, und wir würden ein Haus in Italien kaufen und zusammen Italienisch lernen.
T: Ein Haus in Italien wäre in Ordnung, aber ich bin nicht sicher, ob ich Lust hätte, Italienisch zu lernen.
S: Wie auch immer, unser Leben wäre viel besser mit einem Haufen Geld.
T: Das stimmt, aber unglücklicherweise ist der Traum vorbei, du musst zur Arbeit.
S: Stimmt, ich muss los. Es ist Lachs und

Salat im Kühlschrank, wenn du Hunger hast. Und es wäre gut, wenn du den essen könntest. Morgen ist er verdorben. Und Bier gibt es auch, wenn du Durst hast. Könntest du mir einen Gefallen tun?
T: Ja.
S: Der Computer ist kaputt. Könntest du den in den Laden bringen? Ich habe mit jemandem dort gesprochen und sie werden ihn reparieren.
T: Mach ich, kein Problem. Auf Wiedersehen.
S: Bis dann.

Aonad 33 **S. 268–270**

M: Guten Abend meine Damen und Herren und herzlich willkommen zur Diskussion der Woche. Ich heiße Màiri Nic a' Chabadaich
I: Und ich bin Iain Mac Na Sabaid. Auch von mir einen guten Abend.
M: Lieber Iain, wir wollen heute darüber debattieren, ob die Gàidhealtachd breitere und bessere Straßen braucht.
I: Das ist eine wirklich gute Frage und ich würde sagen, es gibt keine einfache Antwort darauf.
M: Nun, wir werden die Argumente für und gegen größere, weitere und breitere Straßen in dieser Sendung erfahren. Beginnen wir mit der A 9, der großen Straße zwischen Edinburgh und Inverness. Ist diese Straße für den heutigen Verkehr dort angemessen?
I: Sie ist überhaupt nicht angemessen. Ich würde mir wünschen, dass eine doppelspurige Autobahn zwischen den zwei Städten verlaufen würde. Die A9 ist die wichtigste Autobahn in der gesamten Gàidhealtachd und sie sollte so schnell es geht erweitert werden. Die Anzahl der Lastwagen wird in Zukunft stark ansteigen und die Regierung muss etwas unternehmen.
M: Sehr gut, aber was würde passieren, wenn die Regierung nichts täte?
I: Ich kann dir sagen, was passieren würde: Wir würden zusätzlichen Verkehr bekommen und wenn es einen Unfall gäbe, könntest du Inverness nicht mehr erreichen. Es gibt keine andere Möglichkeit, die Stadt zu erreichen, als über die A 9. Das Gleiche auf der Straße zwischen Nairn und Inverness: Sie ist viel zu schmal. Wenn du morgens nach Inverness willst, kommst du nicht hinein, wenn es einen Unfall gibt. Und wenn du drinnen bist, kommst du nachmittags nicht mehr hinaus.
M: Vielleicht hast du Recht, aber die Regierung sagt, dass die Straßen in Ordnung sind, abgesehen von einigen Wochen im Sommer, wenn die Wohnwagen und Autos der Touristen kommen. Der Minister sagte, dass wir nicht neue Straßen, sondern bessere Eisenbahnverbindungen bräuchten.
I: Das ist meiner Meinung nach eine andere Diskussion. Aber zurück zu den Straßen. Wenn der Minister die Probleme in der Gàidhealtachd sähe und wenn er hörte, was die Bevölkerung der Gàidhealtachd sagt, würde etwas geschehen. Ich bin sicher, dass er den schlechten Zustand unserer Straßen kennt. Ob er wohl die Straße herauf von Glasgow nach Fort William benutzen würde? Ich glaube nicht.
M: Das stimmt. Diese Straße ist furchtbar kurvig und schmal, besonders am Loch Lomond. Aber was könnte man tun? Würdest du eine neue Straße durch einen Nationalpark bauen?
I: Nein. Selbstverständlich müssten wir vorsichtig sein. Aber mit ein wenig Verbreiterung und Vergrößerung an den gefährlichsten Stellen würdest du eine viel sicherere Straße bekommen.
M: Aber wenn wir die bekämen, würden die Autos mit viel höherer Geschwindigkeit fahren. Bestünde nicht die Gefahr, dass es schlimmere Unfälle gäbe?
I: Meiner Meinung nach nicht. Wir haben heute schreckliche Unfälle auf der A82. Wenn es regnet und wenn es dunkel ist, ist es sehr gefährlich, diese Straße zu nehmen.
M: Nun gut. Es ist schade, dass wir heute nicht genügend Zeit haben, dies zu diskutieren. Aber ich habe eine weitere Frage: Was denkst du über die einspurigen Straßen – besonders auf den Inseln?
I: Nun, die Touristen denken, dass die

ziemlich romantisch sind, aber wenn du da wohnst, dann würdest du dir wünschen, größere Straßen zu bekommen.
M: Aber viele sagen, dass es einspurige Straßen auch tun würden. Manche klagen, dass die Straße zwischen Armaldale und Broadford viel zu groß sei. Ich habe gehört, dass die Bevölkerung der Gegend ihr den Namen »Autobahn« gegeben hat.
I: Das ist lustig. Es ist schon so, dass sie groß ist, aber der Verkehr ist ja auch gewachsen. Wenn es diese Straße nicht gäbe, dann könntest du nicht sicher sein, ob du die Fähre in Armadale bekommen würdest. Diese Straße war besonders zwischen Armadale und Sabhal Mòr Ostaig gefährlich.
M: Und hier die letzte Frage für heute: Woher kommt das Geld für diese neuen Straßen?
I: Ich bin froh zu sehen, dass es von der Europäischen Union kommt. Wenn die EU uns kein Geld gäbe, würden wir von der Regierung Schottlands überhaupt nichts bekommen.
M: Nun, vielleicht ist das nicht ganz wahr, aber danke Iain, dass du deine Meinung geäußert hast. Wenn Sie weiter über dieses Thema diskutieren möchten, dann gehen Sie doch auf www.bbc.co/alba, wo die Diskussion im Internet weitergeht. Vielen Dank und Gute Nacht.
I: Gute Nacht.

Aonad 34 **S. 277/278**

An:
Hotel Sabhal Beag Ostaig
5 Rathad Shlèite
Cille Mòire
An t-Eilean Sgitheanach
IV44 8RQ Alba

Baile Grannda, den 15.Mai 2008

Sehr geehrter Herr,
wir, ich selbst, meine Frau und unsere drei Kinder, werden unsere Ferien im Hochland verbringen. Wir werden zwischen dem dritten und vierundzwanzigsten August dort sein. Wir würden gerne eine Woche auf Skye verbringen und benötigen eine Unterkunft für fünf Personen. Wir denken an ein Haus, eine Wohnung oder einen Wohnwagen. Es wäre schön, wenn Sie Ihre Informationsbroschüre an die untenstehende Adresse senden könnten. Außerdem wäre es schön, einige Informationen über Freizeitmöglichkeiten auf Skye zu erhalten, wie Schwimmbad oder Reiten. Wir würden auch gerne klettern.
Ich hoffe, in nicht allzu langer Zeit von Ihnen zu hören.

Mit freundlichem Gruß,

Iain Mac Leòid
16 Rathad Ghlaschu
Baile Grannda
PH7 6TT

An:
Oifis Aotrom Tearranta
Mgr. Tearlach Caimbeul
23 Rathad Phort Rìgh
An t-Ath Leathainn
An t-Eilean Sgitheanach
IV49 9AB

Baile Grannda, 25. September 2008

Sehr geehrte Herren.
Vielen Dank für Ihren Brief. Ich freue mich zu hören, dass ich im nächsten Monat anfangen kann. Ich bedaure, dass ich nicht früher geschrieben habe, aber ich war sehr beschäftigt. Gestern habe ich meine Arbeit hier beendet und nun suche ich ein Haus oder eine Wohnung auf Skye. Es wäre gut, ein neues Haus in der Nähe der Arbeit zu finden, dann müsste ich nicht dorthin fahren. Zusätzlich wären wir, meine Frau und ich, froh zu erfahren, ob es eine gälische Kindergruppe in unserer Nähe gibt. Könnten Sie uns hierüber einige Informationen zuschicken?
Vielen Dank für Ihre Hilfe.
Ich freue mich, bald von Ihnen zu hören.

Hochachtungsvoll

Seòras Mac an Tàilleir

Aonad 35 S. 291/292

Jeden Tag um acht Uhr beginnen die Sendungen von BBC Radio nan Gàideal mit den Nachrichten.

D: Hier ist BBC Radio nan Gàidheal mit den Nachrichten um acht. Guten Morgen.
S: Guten Morgen. Stornoway: Gestern wurde ein Windpark in Lewis nach jahrelanger Auseinandersetzung eröffnet. Weitere Informationen dazu hat Dòmhnall.
D: So ist es. Es wurden mehr als 100 Windkraftanlagen in zwei Jahren gebaut, die Straße zwischen Stornoway und dem Windpark wurde verbreitert und es wurden neue Arbeitsplätze für 20 Menschen geschaffen. Der Vorsitzende des Comhairle nan Eilean Siar sagte, dass dies ein großer Schritt vorwärts für die Wirtschaft der Insel sei, und er dankte denjenigen, die hart gearbeitet haben, um dieses Projekt auf die Beine zu stellen.
S: Nach dem fürchterlichen Sturm in dieser Woche auf Skye wurden mehr als 60 Straßenschilder zerstört oder sie befanden sich in einem schlechten Zustand. Es wurden neue an den Straßen von Skye aufgestellt. Ein Abgeordneter sagte in Portree, dass die neuen Schilder alle zweisprachig sein würden, in Englisch und in Gälisch.
D: Und weil alle Straßen wegen Schnee gesperrt sind, wurden die Schulen heute auch geschlossen. Gestern waren viele Straßen vereist, die Fahrer mussten insbesondere auf der Brücke nach Skye vorsichtig sein. Die Polizei teilte heute Morgen mit, dass die Brücke für drei Stunden gesperrt wurde, sie heute aber wieder freigegeben würde.
S: In einer Buchhandlung in Glasgow wurde gestern Abend eingebrochen. Wie der Geschäftsführer mitteilte, wurde nichts gestohlen außer sämtlichen gälischen Büchern. Er sagte, dass diese Bücher einen Wert von 400 Pfund hätten. Von dem Dieb fehlt jede Spur, aber die Polizei hat den Verdacht, dass ein Student die Bücher gestohlen hat.
Nun, offensichtlich wurden gälische Bücher interessanter, denn kein einziges englischsprachiges Buch wurde gestohlen. Was geschah sonst noch, Dòmhnall?
D: Die Bevölkerung von Baile Grannda beklagt sich, dass ihre Stadt nicht gereinigt wurde, wie der Stadtrat es versprochen hat. Die Stadt gewann dieses Jahr den Preis für die hässlichste Stadt in ganz Schottland. Der Bürgermeister sagte, dass dies überhaupt kein Grund sei, stolz zu sein.
S: Ein Blick aufs Wetter. Schauer im Nordosten mit ein wenig Sonne am Nachmittag. Viel Schnee in Glasgow und auf den Inseln.
D: Und die A 9 ist zwischen Carrbridge und Inverness wegen eines großen Unfalls gesperrt. Es wurden zwei Personen verletzt und ins Krankenhaus gebracht.
S: Das waren die Nachrichten. Es ist fünf Minuten nach acht, die nächsten Nachrichten um halb neun.

Aonad 36 S. 298/299

M: Nun, da seid ihr ja endlich im neuen Haus.
B: Ja, und ich bin vielleicht glücklich, dass der Umzug fast vorbei ist. Gestern kam der Lastwagen und die Kisten mit unseren Sachen wurden hereingetragen. Das war viel Arbeit. Und im Moment bin ich wahnsinnig beschäftigt. Ich bin früh aufgestanden und arbeite von früh bis spät.
M: Ganz bestimmt. Das ist aber kein neues Haus, oder?
B: Nein, das ist ein altes Schulhaus. Es wurde 1887 gebaut und 1891 eröffnet. Hier wurden Generationen von Schülern erzogen. Es wurde kein Gälisch in dieser Schule gesprochen. Aber wir haben sie gekauft und heute wird hier Gälisch gesprochen. Als wir das Haus gekauft haben, war es in einem schlechten Zustand. Die Fenster waren zerbrochen und die Tür ebenfalls. Das Dach war durchlöchert, der Regen kam herein und so wurden die Wände und die Böden durchnässt und waren verrottet.
M: Heilige Jungfrau! Das muss teuer gewesen sein.

B: Das war es allerdings! Die Firma MacDonald und Campbell kam und hat das Haus wieder instand gesetzt. Zuerst kamen die Maurer und die Wände und das Dach wurden getrocknet und repariert. Dann kam der Installateur. Er wollte die Wasserleitungen reparieren, aber er brach Loch an Loch in die neuen Wände, denn es gelang ihm nicht, die Leitungen zu finden. Er musste nach ihnen suchen, denn die Pläne des Hauses waren vor langer Zeit bei einem Feuer verbrannt. Letzten Endes wurde das Haus sechs Monate lang repariert. Und jetzt ist es fast fertig. Nächste Woche kommt der Maler und dann wird es von draußen angestrichen.
M: Nun, ich muss sagen, dass das Haus sehr schick aussieht. Und die Küche ist ziemlich gut ausgestattet.
B: Die sieht unwahrscheinlich gut aus, aber es gelang dem Installateur bis jetzt nicht, die Wasserleitung zu finden. Deshalb haben wir kein Wasser. Und das Wohnzimmer sieht einfach furchtbar aus. Bis gestern gab es da noch keine Fenster und keine Tür. Sie waren seit Wochen bestellt, aber sie kamen erst gestern. Das Zimmer wird gerade saubergemacht. Ich kann das nicht machen. Ich habe eine Reinigungsfirma angerufen und zwei Putzkräfte reinigen es im Moment.
M: Kann ich zur Toilette gehen?
B: Natürlich, sie ist oben.
M: (aus der Toilette) Beathag, komm mal her, hier stimmt etwas nicht. Hier läuft Wasser aus der Wand. Die Wasserleitung ist gebrochen!
B: Um Gottes Willen! Ich rufe den Installateur an. Mòrag, schau bitte, dass du einen Eimer und einen Lappen findest. Ich weiß nicht, wo sie sind – vielleicht im Badezimmer. Ich komme sofort.
M: Gut, das mache ich, aber beeil dich!
B: Oh, wie bin ich dieses verdammte Haus leid.
M: Das ist ja kein Wunder.
B: Ich hätte gerne ein neues Haus, aber Murchadh wollte einen Altbau. Das wäre romantischer und billiger, sagte er.
M: Nun, im Moment ist es überhaupt nicht romantisch, sondern nass und schmutzig. Aber vielleicht kommt das ja noch.

Aonad 37 S. 304–306

Jeden Freitagabend gibt es im Fernsehen die Sendung »Du bist der Koch!«

M: Hallo und herzlich willkommen zu »Du bist der Koch«. Ich heiße Màiri Nic a' Chidsin.
S: Und ich bin Seumas Mac an Stòbha. Auch von mir ein herzliches Willkommen.
M: Seumas, was wirst du heute Abend zubereiten? Was haben wir auf der Speisekarte?
S: Ich kann mich heute nicht entscheiden. Ich denke als ersten Gang an Lachs mit neuen Kartoffeln oder an etwas Traditionelles, was ich in Deutschland gesehen habe. Es heißt »Himmel und Erde«. Und das Diner kann mit einer schönen Suppe beginnen. Zum Schluss des Diners würde ich Crannachan und Käse vorschlagen.
M: »Himmel und Erde« – das ist ein eigenartiger Name. Kann man das essen?
S: Selbstverständlich, und es ist ausgesprochen lecker. Zuerst benötigen wir Kartoffeln, Blutwurst, und Äpfel.
M: Sehr gut. Kann ich dir helfen?
S: Selbstverständlich. Ich brauche geschälte Kartoffeln und Äpfel.
M: Das kann ich machen, ich habe hier ein Schälmesser.
S: Sehr gut. Das Rezept ist recht einfach: Zuerst werden die Äpfel und die Kartoffeln gereinigt und geschält. Dann werden die Kartoffeln in kleine Stücke geschnitten und in einen Topf mit kochendem Wasser und etwas Salz gegeben. Du tust den Deckel drauf und dann müssen sie kochen, bis sie weich sind.
M: In der Zwischenzeit schneide ich die Blutwurst in kleine Scheiben. Ich muss sie mit Mehl bedecken und danach werden sie in einer Pfanne mit etwas Öl gebraten. Das Mehl muss sein, denn das verhindert, dass die Scheiben auseinanderfallen, wenn sie weich werden.

S: Die Äpfel werden geschnitten und gekocht. Wenn sie weich sind, sind sie fertig. Und wenn die Kartoffeln fertig sind, werden sie vom Herd genommen und das Wasser, in dem sie waren, wird weggeschüttet. Du fügst Butter und Milch sowie die weichen Äpfel hinzu und das Ganze wird umgerührt. Danach wird alles gestampft. Nach Geschmack kannst du dann ein wenig Salz und zusätzlich Pfeffer hinzufügen.
M: Oh, das riecht gut. Nun gebe ich etwas von dieser Mischung auf einen Teller. Seumas, kannst du auch ein oder zwei Scheiben von der Blutwurst auf den Teller tun?
S: Ja. Und obendrauf wird es mit frischen Kräutern dekoriert.
M: Was denkst du, warum ist traditionelles Essen im Moment so angesagt?
S: Also, ich denke, dass die Menschen das Essen aus den Selbstbedienungsrestaurants satt haben. Jedenfalls mehr und mehr Menschen. Unglücklicherweise gibt es noch genug, die überhaupt kein gesundes Essen essen, sondern andauernd Fish & Chips. Und die werden mit Sicherheit fett und krank.
Ich würde ja nicht sagen, dass »Himmel und Erde« ein absolut gesundes Essen ist. Aber du isst es ja nicht jeden Tag und dann ist es in Ordnung.
M: Und was mache ich, wenn ich keine Blutwurst mag. Haben wir nicht am Beginn der Sendung über Lachs geredet.
S: Ja. Nun, der Lachs wird unter kaltem Wasser geputzt, mit einem Handtuch abgetrocknet und dann in einen großen Bräter gegeben. Danach gebe ich eine halbe Flasche Weißwein, Zitronensaft sowie schwarzen Pfeffer hinzu. Rein in den Backofen damit für ungefähr 40 Minuten bei 150° Celsius. Das hängt davon ab, wie groß der Lachs ist. Dann wird er mit Kartoffeln und Salat angerichtet. Das ist ein wirklich leckeres Gericht.
M: Das ist es zweifelsohne. Aber ich habe noch eine Frage. Ich esse häufig Lachs, der zu trocken ist. Was kann man da machen?
S: Der Grund dafür ist, dass er viel zu lange im Ofen war. Gib den Saft, in dem der Lachs in der Pfanne ist, regelmäßig über ihn – so alle 15 Minuten. Das hilft.
M: Sehr gut, das mache ich.
Nun, das war's für heute. Wir haben wieder einmal das Ende der Sendung erreicht. Wenn Sie diese Rezepte ausprobieren möchten, dann schicken Sie uns einen Rückumschlag mit Briefmarke, und wir schicken Ihnen die Rezepte. Ihnen eine gute Nacht.
S: Und ich wünsche Ihnen ebenfalls eine gute Nacht.

Aonad 38 **S. 312/313**

Der Geschmack des Rebhuhns

Gestern Abend hatte er gutes Essen gegessen. Seonag war so nett gewesen. Obwohl sie Schwierigkeiten hatten. Er war nicht ganz sicher, aber sie sagte, dass sie ihm vergeben würde. Obwohl die Umstände ziemlich übel gewesen waren. Im Rückblick verstand er überhaupt nicht, warum er die Nacht mit der anderen Frau verbracht hatte. Hatte er zu viel getrunken? Oder hatte es ihm gefallen, etwas Neues in seinem Leben auszuprobieren?
Jedenfalls war das Rebhuhn sehr lecker gewesen. Und Seonag hatte es selbst zubereitet. Zuerst waren sie in die neue Kneipe gegangen, um einen Drink zu nehmen. Ein Glas Rotwein und dann Essen bei Seonag. Nun war er zurück zu Hause. Er hatte die gesamte Nacht mit Seonag verbracht. Obwohl nichts passiert war, war es besser gewesen, nicht allein zu sein. Acht Uhr morgens. Er saß am Tisch in der Küche und dachte über die Vereinbarung nach, der Seonag schließlich zugestimmt hatte. Sie würden sich Ende des Jahres scheiden lassen, aber es würde in Freundschaft geschehen. Das würden sie jedenfalls versuchen. Seonag würde ihr Schuhgeschäft behalten und er, Donnchadh, würde seine Gaststätte behalten. Sie waren nicht sicher, was mit dem tollen Haus geschehen sollte, das sie vor zwanzig Jahren gebaut hatten. Seonag wollte es verkaufen und ehrlich

gesagt wäre das besser, als zusammen in einem Haus zu wohnen.
Er wusste nicht genau, was los war, aber er fühlte sich ein wenig schlapp. Er hatte nicht zu viel getrunken gestern Abend.
Er ging zur Toilette. Auf dem Weg zurück fühlte er sich schlechter. Fast fiel er hin. Er hatte Bauchschmerzen und er war schläfrig. Er ging ins Schlafzimmer und legte sich ins Bett. Er würde nie wieder aufwachen.

Die Gaststätte wurde am nächsten Tag nicht geöffnet. Und auch die ganze Woche nicht. Nach fünf Tagen wurden die Nachbarn misstrauisch und die Polizei brach in seine Wohnung ein.
Donnchadh lag in seinem Bett, ruhig, friedlich – und tot.
Pathologie ist eine nützliche Angelegenheit. Es dauerte nicht lange, bis die Ermittler sicher waren, dass er vergiftet worden war. Es war irgendetwas in seinem Essen. Irgendetwas in dem Rebhuhn, das er gegessen hatte. Aber wo?

In der Rückschau verstand Seonag überhaupt nicht, wie man so blöde sein konnte. Sie hatte, nachdem Donnchadh gegangen war, das Haus gereinigt, aber statt das, was von dem Rebhuhn übrig war, in den Fluss zu werfen, hatte sie es in die Mülltonne gebracht. Und sie war nicht schnell genug gewesen, um die Fähre in Rosyth noch zu erwischen. Obwohl sie eine gute Verkleidung anhatte – alte Klamotten, wie eine Oma –, erwartete die Polizei sie – am anderen Ende der Forth Straßenbrücke.
Sie schaute auf die Polizei und auf die Brücke.
Es handelt sich um eine ziemlich hohe Brücke.
Sie wendete ihr Auto nach links.
Der Wagen brach durch das Geländer der Brücke und fiel.
Das Schuhgeschäft würde ebenfalls nie mehr geöffnet werden.

Aonad 39 **S. 325–327**

Das Wasser des Lebens

Die Herstellungsweise von Whisky hat sich in den vergangenen 200 Jahren nicht sonderlich verändert. Er wird noch unter Benutzung traditioneller Methoden gemacht, obwohl man heutzutage moderne Mittel benutzt, um sicherzustellen, dass die Qualität des Whiskys so hoch wie möglich ist. Man glaubt, dass irische Mönche im 14. Jahrhundert in Schottland damit begannen, Whisky zu destillieren. Es gab genügend Torf, und Wasser stand aus den Seen und Flüssen im Übermaß bereit – Voraussetzungen, um hervorragenden Whisky zu produzieren.
Zuerst wurde offen (in der Landschaft) in illegalen Brennereien destilliert; 1644 wurde jedoch eine Steuer auf Whisky erhoben. Whisky ist ein sehr wichtiger Zweig der Wirtschaft Schottlands.
Nun, wie macht man Whisky?
Zuerst weicht man Gerstenkörner in Wasser ein, bis sie keimen. Danach werden sie auf dem Boden des Malzbodens ausgebreitet und während einer Woche oder zwei fahren die Gerstenkörner fort, sich zu entwickeln. Während dieser Zeit wendet man die Körner regelmäßig mit einer Schaufel, damit Luft an die Gerste kommt und sie nicht fault. Die Stärke in der Gerste wandelt sich in Zucker um und zu einem bestimmten Zeitpunkt wird die Fermentierung gestoppt, indem man die Gerste in eine Trockendarre bringt, damit sie trocknet. Die Hitze dazu kommt von einem Torffeuer und vom Torf bekommt der Single Malt seinen torfigen und rauchigen Geschmack.
Deshalb produzieren die Destillerien Islay's und der Insel Skye kräftige Whiskysorten – voll vom Rauch des Torfes, während der Whisky der Destillerien der Ostküste Schottlands sanfter und leichter ist, weil man nicht diese Menge an Torf benutzt.
Heutzutage bedient man sich gewöhnlicherer Erhitzungsmethoden und einige

der Destillerien erhalten den Torfgeschmack, indem sie Torf verbrennen und den Rauch über die Gerste streichen lassen. Wenn die Gerste trocken ist, wird sie gemahlen, bis man eine Art mehliges Pulver erhält, welches Malzmehl genannt wird. Man mischt das Malzmehl, welches voll mit Zucker ist, mit heißem Wasser, um Maische zu erhalten. Anschließend füllt man die Maische in ein Metallgefäß, den Maischebottich. Man rührt die Maische regelmäßig um, um den Zucker entweichen zu lassen; am Ende dieses Prozesses bleibt eine Flüssigkeit zurück, die in die Läuterbottiche abgefüllt wird. Der Treber (Der Satz) wird als Tierfutter verwendet. Die Läuterbottiche sind hölzerne Wannen, die aus Fichte hergestellt werden.
Nun gibt man Hefe in die Läuterbottiche um die Gärung in Gang zu setzen. Der Zucker verwandelt sich zu Alkohol; dieser Prozess kann zwischen zwei und vier Tage dauern. In diesem Zustand hat der Gärschaum den Geruch und Geschmack von Bier. Der Alkoholgehalt ist noch ziemlich schwach und nicht stärker als 8 oder 9 %. Nun beginnt das Destillieren des Whiskys aus der Gärflüssigkeit, um die Alkoholstärke zu erreichen. Dies wird in Destillierblasen gemacht, die aus Kupfer bestehen. Sie haben besondere Rohre in Form von Schwanenhälsen.
Der Charakter des Whiskys hängt letzten Endes sehr von der Form der Destillierblasen und der Länge der Hälse ab. Nach mehreren Arbeitsschritten ist der Whisky kräftig genug und er wird in Fässern aus Eichenholz gelagert, die vorher für die Lagerung von amerikanischem Bourbon, Sherry, Rum oder Portwein genutzt wurden. Diese Fässer tragen zum besonderen Geschmack des Whiskys bei.
Man muss die Fässer mindestens drei Jahre lang lagern, bevor man die Flüssigkeit in ihrem Inneren mit dem Namen Whisky bezeichnen darf. Der Whisky darf länger – beispielsweise zwölf Jahre lang lagern, aber man muss bedenken, dass 2 % des Getränks jedes Jahr entweichen; diesen Verlust nennt man den Anteil der Engel.
Man kann den Whisky als Single Malt verkaufen, oder man kann ihn mit anderen Sorten Whisky vermischen. Dann erhält man blended Whisky.
Man trinkt Single Malt gerade so, wie er aus der Flasche kommt, oder mit wenig Wasser. Man fügt kein Eis hinzu, denn dies würde den besonderen Geschmack des Whiskys beeinträchtigen. Sehr zum Wohl!

Aonad 40 S. 336/337

Pàdraig vom Berg

Pàdraig vom Berg und seine Frau lebten auf einem kleinen Bauernhof an einem Berg.
Sie und ihr Junge, der kleine Dòmhnall, waren äußerst glücklich zusammen.

Sie hatten zwei Kühe und Pàdraigs Frau dachte, dass sie eine der Kühe verkaufen sollten. Pàdraig nahm die Kuh mit und ging in die Stadt, um sie zu verkaufen. Als er ankam, gab es niemanden, der eine Kuh kaufen wollte. Er beschloss, nach Hause zurückzukehren, und so ging er mit friedlichem, ruhigem und langsamem Schritt.

Da traf er einen Mann, der ein Pferd zu verkaufen hatte. Pàdraig verkaufte die Kuh und an ihrer Stelle ging er mit einem Pferd nach Hause. Eine Weile danach traf Pàdraig auf einen Mann, der ein großes, fettes Schwein hatte, und Pàdraig gab dem Mann das Pferd und nahm selbst das Schwein mit. Er war noch nicht viel weiter gegangen, als Pàdraig auf einen Mann traf, der eine Ziege hatte. Pàdraig nahm die Ziege und gab das Schwein dem Mann. Dann erschien jemand, der hatte ein Schaf, und Pàdraig nahm das Schaf, der andere Mann nahm die Ziege. Dann sah Pàdraig jemanden, der hatte eine Gans, und Pàdraig warf sofort ein Auge auf die Gans. Statt ihrer gab er die Ziege weg. Nicht lange und es traf ihn ein Mann, der hatte einen Hahn, und Pàdraig ging mit dem Hahn davon.

Es wurde nun spät und Pàdraig bekam Hunger. Er verkaufte den Hahn und kaufte

etwas zu Essen mit dem Geld, das er bekommen hatte.
Man würde denken, dass Pàdraig ziemlich unglücklich war, dass er überhaupt keinen Profit gemacht hatte, aber so war es nicht. Sobald er etwas gegessen hatte, ging er zum Haus eines Freundes. Pàdraig wusste, dass er willkommen sein würde, egal woher er kam und was er getan hatte. Er erzählte dem Freund, was ihm widerfahren war, und der Freund sagte: »Oje, du armer Wicht, warte bis du nach Hause kommst! Ganz bestimmt wollte ich nicht an deiner Stelle sein.«
»Meine Frau beklagt sich nie über das, was ich getan habe oder was ich tue«, sagte Pàdraig. »Das glaube ich nicht«, sagte sein Freund. »Also gut dann«, antwortete Pàdraig, »Ich habe 100 Pfund zur Seite gelegt. Wenn sie mit mir schimpft, wenn ich nach Hause komme, wird jeder einzelne Penny dir gehören. Gibst du mir 100 Pfund, wenn sie nicht schimpft?«
»Ganz bestimmt werde ich das tun«, antwortete sein Freund. Und wie man es unter Freunden erwarten würde, wurde die Wette so abgeschlossen.

Pàdraig und sein Freund gingen zum Hause Pàdraigs. Pàdraig trat ein und sein Freund blieb draußen, aber er lauschte.

»Ich bin zurück, Frau, und es ist gut zu Hause zu sein.«
»Ich bin sehr froh, dich gesund zurück zu sehen, oja, das bin ich«, antwortete seine Frau. Sie fragte ihn, wie es ihm in der großen Stadt ergangen war. Er antwortete, dass es überhaupt nicht gut gelaufen war, und er erzählte ihr, was ihm widerfahren war.

»So wie du hätte ich es auch gemacht. Ich Gesegnete, was bist du für ein umsichtiger Mann. Was bist du doch für ein kluger Mann«, sagte sie.

Da öffnete Pàdraig die Tür und rief seinem Freund draußen zu: »Was denkst du nun? Hab ich die Wette gewonnen?« Der Freund wusste, wenn er gefragt werden würde, dann müsste er zugeben, dass Pàdraig das zweifelsohne getan hatte, und er bezahlte seine Wette.

A. Syntax des Schottisch-Gälischen

1. Der Satzbau

Der Satzbau im Deutschen ist »Subjekt – Prädikat – Objekt etc.«:

Subjekt	Prädikat	Objekt etc.
Ich	bin	glücklich.
Mòrag	las	ein Buch.
Seumas	schwamm	im See.

Gälisch gehört zu den sogenannten VSO-Sprachen. Die Satzstellung in diesen Sprachen ist grundsätzlich »Verb – Subjekt – Objekt etc.«:

Verb	Subjekt	Objekt etc.
Tha	mi	toilichte.
Leugh	Mòrag	leabhar.
Shnàmh	Seumas	anns an loch.

Es gibt im Schottisch-Gälischen verschiedene Partikel, die vor das Verb gesetzt werden können. Diese verletzen die Regel VSO nicht, da sie das Verb unmittelbar beeinflussen und gewissermaßen dazugehören. (In der Praxis ist dies ein wenig vielschichtiger, doch das würde an dieser Stelle zu weit führen.) Beispiele für derartige Partikel sind die Verneinungspartikel **cha / chan**, alle Fragewörter (**cuin**, **ciamar**, **càite**, **dè** etc.), die Nebensatzeinleitungen **gun**, **nach** etc. sowie die Fragepartikel **a**, **an**, **am** und **nach**.

Partikel	Verb	Subjekt	Objekt
Chan	eil	mi	toilichte.
Cuin a	shnàmh	Seumas	anns an loch?
Nach	robh	thu	sgìth?
An	do leugh	Mòrag	leabhar?

2. Die Anordnung der Adjektive nach einem Substantiv

Die Adjektive stehen im Schottisch-Gälischen bis auf einige wenige Ausnahmen hinter dem Substantiv, auf das sie sich beziehen:

an taigh **mòr** *das große Haus*
a' chaileag **bhòidheach** *das hübsche Mädchen*

Wird ein Substantiv durch mehrere aufeinanderfolgende Adjektive qualifiziert, folgen diese einer bestimmten Ordnung: Größe – Qualität – Farbe:

Substantiv	Größe	Qualität	Farbe	Übersetzung
an taigh	mòr	grannda	dearg	*das große hässliche rote Haus*
a' chaileag	bheag	ghlic	bhàn	*das kleine schlaue blonde Mädchen*

3. Zeit- und Ortsangaben

Zeitangaben werden immer an das Satzende gestellt. Aus Betonungsgründen können sie manchmal auch an den Satzanfang gesetzt werden (z.B. Tagebuch):

Bha mi ann an Lunnainn an-dè. *Gestern war ich in London.*
Bha mi ann an Glaschu Di-Luain. *Am Montag war ich in Glasgow.*
Bha mi ann an Alba an-uiridh. *Letztes Jahr war ich in Schottland.*

Im gälischen Satz steht der Ort immer vor der Zeitangabe. Allgemein gilt, dass die Angabe der Zeit immer möglichst an das Satzende rutscht:

Chaidh Dàibhidh dhan bhaile an-dè. *Gestern ging Dàibhidh in die Stadt.*

Bha e ag ionnsachadh Gàidhlig aig Sabhal Mòr Ostaig fad trì bliadhna.
Er lernte drei Jahre lang Gälisch in Sabhal Mòr Ostaig.

B. Satzmelodie und Betonung

1. Die Satzmelodie

Im Deutschen beginnt die Betonung eines Aussagesatzes oben und geht zum Satzende hin nach unten:

Ich gehe
          in
                    die
                              Stadt.

In einer Frage hingegen verläuft sie von unten nach oben:

                              Stadt?
                    die
          in
Gehst du

Das ist im Gälischen anders. Die Satzmelodie verläuft hier sowohl im Aussagesatz als auch in der Frage von oben nach unten:

Thèid	An tèid
mi	thu
dhan bhaile.	dhan bhaile?

2. Betonung von Wörtern oder Satzteilen

Wenn Sie im Deutschen einen Satzteil oder ein Wort hervorheben wollen, betonen Sie es besonders:

Normale Betonung:	Er ist blöde!
Verstärkte Betonung:	Er ist blöde!

Das geht im Gälischen nicht. Hier benutzt man die emphatischen Partikel **-se**, **-sa** oder **-san**:

Normale Betonung:	Tha e gòrach.	*Er ist blöde.*
Verstärkte Betonung:	Tha e**san** gòrach.	*Er ist blöde.*
Normale Betonung:	Tha leabhar agam.	*Ich habe ein Buch.*
verstärkte Betonung:	Tha leabhar agam**sa**!	*Ich habe ein Buch.*

Eine weitere Betonungsmöglichkeit ist der Gebrauch von 'S ann:

'S ann gòrach a tha thu.	*Du bist sowas von blöde.*
'S ann agamsa a tha an leabhar agus chan ann agadsa!	*Ich habe das Buch und nicht du!*

A: Cò às a tha thu? — *Woher kommst du?*

B: Tha mi às a' Ghearmailt — *Ich komme aus Deutschland.*

A: Dè? — *Was?*

B: 'S ann às a' Ghearmailt a tha mi! — *Ich komme aus Deutschland!*

Einzelne Satzteile können Sie auch mithilfe von Demonstrativpronomen betonen:

Fosgail an doras! — *Mach die Tür auf!*
Fosgail an doras seo! — *Mach diese Tür auf!*
Fosgail an doras a tha seo!!! — *Mach diese verfl... Tür auf!!!*

3. Betonte Verbformen

Es gibt einige wenige Verben, die besonders betonte Formen haben. Diese sind jeweils eine Silbe länger als die Ursprungsformen:

bidh → bithidh
bhiodh → bhitheadh
bhios → bhitheas
thuirt → thubhairt

Bei dem Gebrauch der betonten Verbformen sollten Sie daran denken, die langen Formen auch betont und lang wie zwei Silben zu sprechen, damit sie ihren Zweck der Betonung auch erfüllen:

A: Am bi thu ann am Peairt a-màireach? — *Wirst du morgen in Perth sein?*

B: Bidh. — *Ja.*

A: Dè? — *Was?*

B: Bithidh! — *Ja-a!*

A: Am bi e ann am Peairt a-màireach? — *Wird er morgen in Perth sein?*

B: Thuirt e gum biodh. — *Er sagte, er würde.*

A: An tubhairt e sin? — *Hat er das gesagt!?*

B: Thubhairt e gum bitheadh! — *Ja-a, hat er gesagt! / Er hat ja-a gesagt.*

C. Das Verbalnomen

Ein Verbalnomen (Tätigkeitshauptwort; kurz: VN) ist ein Nomen (Hauptwort), das unter bestimmten Umständen auch wie ein Verb (Tätigkeitswort) funktionieren kann. In einem schottisch-gälischen Wörterbuch steht immer zuerst der Stamm des Verbs, erst danach wird das Verbalnomen angegeben. Ist dies nicht der Fall, kann Ihnen die folgende Übersicht über die häufigsten Endungen eine Hilfe sein.

Stammendung	Stamm	häufige VN-Endung	Beispiele
-aich / -ich	ionnsaich tòisich	-adh -eadh	ionnsachadh tòiseachadh
-ail	buail	-adh	bualadh
-air	tachair	-t	tachairt
-(a)in(n)	coisinn	-nadh	cosnadh
-aich / -ich	coisich	-eachd	coiseachd

Obgleich es viele Ausnahmen gibt, werden Sie unter Anwendung dieser Regeln in 80% der Fälle richtig liegen. Und falls Sie in einer Unterhaltung einmal auf die Schnelle nach dem passenden Verbalnomen suchen, wählen Sie die häufigste Endung -(e)adh. Diese Endung ist bis heute bei der Neubildung von Verbalnomen sehr produktiv: Fast alle Verbalnomen zu Entlehnungen aus anderen Sprachen werden mit -adh gebildet.
Um von einem Verbalnomen auf den Verbstamm zu schließen, sollte man wissen, dass Verbalnomen und Verbstamm jeweils den gleichen Wortanfang haben. Oft reicht es dann bereits, wenn man die Endung des Verbalnomens weglässt, um den Stamm zumindest ungefähr zu erschließen. Die richtige Form findet man dann im Wörterbuch. Die folgende Tabelle zeigt einige Beispiele.

Endung	Verbalnomen	Was ist zu tun?	Verbstamm
-adh / -eadh	ionnsachadh tòiseachadh	*Endung weglassen; die letzte Silbe im Stamm aufhellen*	ionnsaich tòisich
-nadh	seachnadh	*Endung weglassen; als letzte Silbe -ain oder -inn anhängen*	seachainn
-achd / -eachd	buannachd coiseachd	*Endung weglassen; als letzte Silbe -aich oder -ich anhängen*	buannaich coisich
-ad	blasad	*Endung weglassen; letzte Silbe aufhellen*	blais
-adh / -eadh -sinn -tainn / -tinn -ail / -eil -amh / -eamh -aich / -ich -achd / -eachd -e	sgrìobhadh tuigsinn cluinntinn togail feitheamh meilich èisteachd suidhe	*bei zweisilbigen VN Endung weglassen; erste Silbe ist der Stamm*	sgrìobh tuig cluinn tog feith meil èist suidh
-t	tachairt	*Endung weglassen*	tachair
keine erkenn- bare Endung	cur fuireach	*letzte Silbe aufhellen*	cuir fuirich

Verbalnomen haben ein grammatisches Geschlecht. Sie können maskulin oder feminin sein. Die Bestimmung des Geschlechts erfolgt nach den gleichen Regeln wie bei anderen Nomen (siehe *Aonad 5*). Einige Beispiele:

maskuline Verbalnomen			
fuasgladh	*lösen*	am fuasgladh	*die Lösung*
ionnsachadh	*lernen*	an t-ionnsachadh	*das Lernen*

feminine Verbalnomen			
tuigsinn	*verstehen*	an tuigsinn	*das Verständnis*
coiseachd	*wandern*	a' choiseachd	*das Wandern*

Verbalnomen können wie andere Hauptwörter dekliniert werden und im Plural stehen:

buaidh an fhuasglaidh	*die Auswirkung der Lösung*	(Genitiv)
air a' choiseachd seo	*auf dieser Wanderung*	(Dativ)

fuasgladh	*Lösung*	fuasglaidhean	*Lösungen*

1. Die Anwendung des Verbalnomens

Mit dem Verbalnomen können im Schottisch-Gälischen in Verbindung mit bestimmten Präpositionen zahlreiche Zeiten und Sachverhalte ausgedrückt werden.

1a. Verlaufsformen Präsens, Präteritum, Futur und Konjunktiv / Konditional – Aktiv

Präposition aig, verkürzt zu ag / a' + Verbalnomen + Genitivobjekt

Tha mi ag ionnsachadh na Gàidhlig.	*Ich lerne Gälisch.*
Bha mi a' glanadh an taighe.	*Ich putzte das Haus.*
Bidh mi a' sgioblachadh an t-seòmair.	*Ich werde das Zimmer aufräumen.*
Bhiodh e ag òl uisge mura biodh leann ann.	*Er würde Wasser trinken, gäbe es kein Bier.*

1b. Verlaufsformen Präsens, Präteritum, Futur, Konditional – Passiv

Präposition aig

Tha Gàidhlig ga bruidhinn an seo.	*Gälisch wird hier gesprochen.*
Bha na taighean gan glanadh.	*Die Häuser wurden geputzt.*
Bidh Gàidhlig ga h-ionnsachadh anns an sgoil.	*Gälisch wird in der Schule gelernt werden.*
Bhiodh na cait gam biathadh.	*Die Katzen würden gefüttert.*

2a. Perfekt, Plusquamperfekt, Futur 2 – Aktiv

Präposition air + Verbalnomen

Perfekt	
Tha mi air ithe.	*Ich habe gegessen.*
Tha mi air brot ithe.	*Ich habe Suppe gegessen.*
Tha mi air càr a cheannachd.	*Ich habe das Auto gekauft.*

Plusquamperfekt	
Bha mi air ithe.	*Ich hatte gegessen*
Bha mi air brot ithe.	*Ich hatte Suppe gegessen.*
Bha mi air càr a cheannachd.	*Ich hatte das Auto gekauft.*

Futur 2	
Bidh mi air ithe.	*Ich werden gegessen haben.*
Bidh mi air brot ithe.	*Ich werde Suppe gegessen haben.*
Bidh mi air càr a cheannachd.	*Ich werde das Auto gekauft haben.*

2b. Perfekt, Plusquamperfekt, Futur 2 – Passiv

Perfekt	
Tha mi air mo thilgeil a-mach.	*Ich bin rausgeworfen worden.*
Tha sinn air ar tilgeil a-mach.	*Wir sind rausgeworfen worden.*
Tha Iain air a thilgeil a-mach.	*Iain ist rausgeworfen worden.*

Plusquamperfekt / Futur 2	
Bha mi air mo thilgeil a-mach.	*Ich war rausgeworfen worden.*
Bhiodh iad air an tilgeil a-mach.	*Sie wären rausgeworfen worden.*

2c. Unpersönliche Passiv-Formen Präsens, Präteritum, Perfekt, Plusquamperfekt, Futur 2

Thathar ag ithe brot.	*Man isst Suppe.*
Bhathar ag ionnsachadh Gàidhlig.	*Man lernte Gälisch.*
Bithear ag òl cofaidh.	*Man wird Kaffee trinken.*
Thathar air ithe.	*Man hat gegessen.*
Bhathar air cofaidh òl.	*Man hatte Kaffee getrunken.*
Bithear air càr a cheannachd.	*Man wird ein Auto gekauft haben.*

3. Dynamische Bewegung vs. statische Handlung

Kombination der Präposition ann und den Possessivpronomen mo, do etc. + Verbalnomen. Dieses wird bei nam, nad und na mask. leniert.

	Tha mi a' suidhe.	*Ich setze mich hin.*
aber:	Tha mi nam shuidhe.	*Ich sitze.*

4a. Äquivalent des Infinitivs bei Modalverben im Deutschen

Verbalnomen ohne Zusätze

Bu toil leam dannsadh.	*Ich würde gerne tanzen.*
Feumaidh mi falbh.	*Ich muss gehen.*
Faodaidh mi smocadh an seo.	*Ich darf hier rauchen.*
Tha mi airson leugadh.	*Ich möchte lesen.*

4b. Äquivalent des Infinitivs mit Akkusativobjekt im Deutschen

Präposition do, verkürzt zu a + leniertes Verbalnomen nach dem Akkusativobjekt. Vor Vokal bzw. vor f + Vokal fällt a weg.

Tha mi airson an càr a cheannachd.	*Ich möchte das Auto kaufen.*
Bu toil leam an taigh fhàgail.	*Ich würde gerne das Haus verlassen.*
Feumaidh mi am brot ithe.	*Ich muss die Suppe essen.*
Faodaidh mi an litir a leughadh.	*Ich darf den Brief lesen.*

4c. Äquivalent des Infinitivs mit Dativobjekt im Deutschen

Verbalnomen + Präposition + Dativobjekt

Is toil leam coimhead air an telebhisean.	*Ich schaue gerne fern.*
Feumaidh mi èisteachd ris an rèidio.	*Ich muss Radio hören.*

4d. Äquivalent des Infinitivs mit Objektpronomen im Deutschen

Possessivpronomen mo, do etc. + Verbalnomen. Dieses wird bei mo, do und a mask. leniert.

Bu toil leam d' fhaicinn.	*Ich würde dich gerne sehen.*
Tha mi ag iarraidh an sgrìobhadh.	*Ich will sie schreiben.*
Feumaidh mi ur bualadh.	*Ich muss euch schlagen.*

---

5. »einer Sache zugeneigt sein«

Präposition ri + Verbalnomen

Tha mi ri iasgach.	*Ich fische gerne.*
Tha mi ri leughadh.	*Ich lese gerne.*

6a. Absicht

Verb der Bewegung + Präposition do / a + leniertes Verbalnomen

Chaidh mi a dh'obair dhan oifis.	*Ich ging ins Büro, um zu arbeiten.*
Tha mi a' dol a cheannachd a' chàir.	*Ich gehe ein Auto kaufen.*
Thàinig mi a dh' fhaicinn Màiri.	*Ich kam, um Màiri zu sehen.*

6b. Ersetzen des Objektes

bei Verben der Bewegung: durch eine Kombination der Präposition do und den Possessivpronomen mo, do etc.+ Verbalnomen

Tha mi a' dol ga cheannachd.	*Ich gehe es kaufen.*
Chaidh mi gam bualadh.	*Ich ging sie schlagen.*
Thàinig mi gur faicinn.	*Ich kam, um euch zu sehen.*

sonst: durch eine Kombination der Präposition aig und den Possessivpronomen mo, do etc.+ Verbalnomen

Tha mi ga cheannachd.	*Ich kaufe es.*
Bha mi ga bualadh.	*Ich schlug sie.*
Bidh mi gad fhaicinn.	*Ich werde dich sehen.*

---

7. Äquivalent des Partizips Perfekts

Às dèidh dhomh falbh, thàinig e.	*Nachdem ich gegangen war, kam er.*
Às dèidh dha an taigh a ghlanadh ...	*Nachdem er das Haus geputzt hatte ...*

D. Überblick über die Aktivformen der unregelmäßigen Verben

Stamm	Präteritum	Futur	relatives Futur	Konjunktiv[1]
		abair		
Aussageform	thuirt	their	a their	theireadh
abhängige Form	tuirt	abair		abradh
		beir		
Aussageform	rug	beiridh	a bheireas	bheireadh
abhängige Form[2]	do rug / d' rug	beir		beireadh
		cluinn		
Aussageform	chuala	cluinnidh	a chluinneas	chluinneadh
abhängige Form	cuala	cluinn		cluinneadh
		dèan		
Aussageform	rinn	nì	a nì	dhèanadh
abhängige Form	do rinn / d' rinn	dèan		dèanadh
		faic		
Aussageform	chunnaic	chì	a chì	chitheadh
abhängige Form[3]	faca	faic		faiceadh
		faigh		
Aussageform	fhuair	gheibh	a gheibh	gheibheadh
abhängige Form	d' fhuair	faigh		faigheadh
		rach		
Aussageform	chaidh	thèid	a thèid	rachadh / dheigheadh
abhängige Form	deach	tèid		rachadh / dheigheadh
		ruig		
Aussageform	ràinig	ruigidh	a ruigeas	ruigeadh
abhängige Form	do ràinig / d' ràinig	ruig		ruigeadh
		thig		
Aussageform	thàinig	thig	a thig	thigeadh
abhängige Form	tàinig	tig		tigeadh
		thoir		
Aussageform	thug	bheir	a bheir	bheireadh / thugadh
abhängige Form	tug	toir		toireadh / tugadh

[1] Die Endung für die 1. Pers. Sing. lautet **-ainn/-inn**, für die 1. Pers. Pl. **-amaid**

[2] **Cha** leniert die abhängigen Formen aller Verben außer **d, t** und **s** (Lenitionsblockade).

[3] **F** wird von der negativen Fragepartikel **nach** leniert.

E. Überblick über die Passivformen der unregelmäßigen Verben

Stamm	Präteritum	Futur	relatives Futur	Konjunktiv
		abair		
Aussageform	thuirteadh	theirear	a theirear	theirte / theiriste
abhängige Form	tuirteadh	abrar		abairte / abairiste
		beir		
Aussageform	rugadh	beirear	a bheirear	bheirte / bheiriste[2]
abhängige Form[1]	do rugadh	beirear		beirte / beiriste
		cluinn		
Aussageform	chualas / chualadh	cluinnear	a chluinnear	chluinnte / chluinniste
abhängige Form	cualas / chualadh	cluinnear		cluinnte / cluinniste
		dèan		
Aussageform	rinneadh	nìthear	a nìthear	dhèante / dhèanaiste
abhängige Form	do rinneadh	dèanar		dèante / dhèanaiste
		faic		
Aussageform	chunnacas / chunnacadh	chithear	a chithear	chìte / chitiste
abhängige Form[3]	facas / facadh	faicear		faicte / faiciste
		faigh		
Aussageform	fhuaras / fhuaradh	gheibhear	a gheibhear	gheibhte / gheibhiste
abhängige Form	d'fhuaras / d'fhuaradh	faighear		faighte / faighiste
		rach		
Aussageform	chaidheas	thèidear	a thèidear	rachte / dheighte / dheighiste
abhängige Form	deachas	tèidear		rachte / deighte / deighiste
		ruig		
Aussageform	ràinigeadh	ruigear	a ruigear	ruigte / ruigiste
abhängige Form	do ràinigeadh / do ràinigear	ruigear		ruigte / ruigiste
		thig		
Aussageform	thàinigear / thàinigeas	thigear	a thigear	thigte / thigiste
abhängige Form	tàinigear / tàinigeas	tigear		tigte / tigiste
		thoir		
Aussageform	thugadh / thugas	bheirear	a bheirear	bheirte / bheiriste
abhängige Form	tugar / tugas	toirear		toirte / toiriste

1 **Cha** leniert die abhängigen Formen aller Verben außer **d, t** und **s** (Lenitionsblockade).
2 Die auf **-iste** endenden Formen im Konjunktiv kommen nur im Dialekt von Lewis vor.
3 **F** wird von der negativen Fragepartikel **nach** leniert.

F. Überblick über die Hilfsverben

dürfen		
Faodaidh mi ionnsachadh.	*Ich darf lernen.*	Erlaubnis
Tha còir agam ionnsachadh.	*Ich bin berechtigt zu lernen.*	Berechtigung

können		
Is urrainn dhomh sgrìobhadh.	*Ich kann schreiben.*	erlernte Fähigkeit
Faodaidh mi sgrìobadh.	*Ich kann / darf schreiben.*	Erlaubnis
Tha mi comasach a sgrìobhadh.	*Ich bin fähig ihn zu schreiben.*	technische Fähigkeit
An sgrìobh thu an litir?	*Kannst du den Brief schreiben?*	Möglichkeit
Is math dh'fhaoidte gun sgrìobh mi e.	*Es kann gut sein, dass ich ihn schreibe.*	Annahme
Dh'fhaodainn a sgrìobhadh.	*Ich könnte / konnte ihn schreiben.*	Konditional / Präteritum
Dh'fhaodadh a bhith gun sgrìobh mi e.	*Es könnte sein, dass ich ihn schreibe.*	Hypothese
Chaidh agam ris an litir a sgrìobhadh.	*Es gelang mir, den Brief zu schreiben.*	Gelingen
An gabh an litir leughadh?	*Kann man den Brief lesen?*	Möglichkeit
Gabhaidh sin ithe.	*Das kann man essen.*	
Cha ghabh sin a bhith.	*Das kann nicht sein.*	
Tha seinn annta.	*Sie sind die geborenen Sänger.*	angeborene Fähigkeit / Talent

mögen / nicht mögen / bevorzugen		
Is toil leam ionnsachadh.	*Ich mag Lernen. / Ich lerne gerne.*	
Is toigh leam.	*Ich mag Lernen. / Ich lerne gerne.*	alte Form
Is caomh leam.	*Ich mag Lernen. / Ich lerne gerne.*	Dialekt in Lewis
Cha toil leam ionnsachadh.	*Ich mag Lernen nicht. / Ich lerne nicht gerne.*	
Is beag orm ionnsachadh.	*Ich hasse Lernen.*	
Is fuath leam ionnsachadh.	*Ich verabscheue Lernen.*	
Is fhèarr leam ionnsachadh.	*Ich bevorzuge Lernen. / Ich lerne lieber.*	
B' fhèarr leam ionnsachadh.	*Ich würde es bevorzugen zu lernen.*	Präteritum / Konjunktiv

müssen		
Feumaidh mi ionnsachadh.	*Ich muss lernen.*	äußerer Zwang
Dh'fheumainn ionnsachadh.	*Ich müsste / musste lernen*	Konditional / Präteritum
Is fheudar dhomh ionnsachadh.	*Ich muss lernen.*	äußerer Zwang
B' fheudar dhomh ionnsachadh.	*Ich müsste / musste lernen.*	Konditional / Präteritum
Tha agam ri ionnsachadh.	*Ich habe zu lernen.*	Auftrag
Tha mi feumach air ionnsachadh.	*Ich habe es nötig zu lernen.*	Bedürfnis

sollen		
Is còir dhomh ionnsachadh.	*Ich soll lernen.*	Erwartung (selten)
Bu chòir dhomh ionnsachadh.	*Ich sollte lernen.*	Erwartung

wollen / wünschen / verlangen		
Tha mi ag iarraidh ionnsachadh.	*Ich will lernen.*	Wille
Dh'iarr e orm ionnsachadh.	*Er verlangte von mir zu lernen.*	Zwang
Is miann leam ionnsachadh.	*Ich wünsche mir zu lernen.*	Wunsch
Bu mhiann leam ionnsachadh.	*Ich wünschte mir zu lernen.*	Präteritum / Konjunktiv
Bu toil leam ionnsachadh.	*Ich würde gerne lernen.*	Wunsch
Bu mhath leam ionnsachadh.	*Ich würde gerne lernen.*	Wunsch

brauchen	
Cha leig thu leas sin a dhèanamh	*Du brauchst das nicht zu tun.*
Cha ruig thu leas sin a dhèanamh	*Du brauchst das nicht zu tun.*

G. Wann benutze ich welche Zeit? – Aktiv

1. Plusquamperfekt

- Die erste von mehreren abgeschlossenen Handlungen in der Vergangenheit:

  Bha mi air an taigh a cheannachd. *Ich hatte das Haus gekauft.*

- Eine Handlung von längerer Dauer, die vor weiteren bereits abgeschlossenen Handlungen in der Vergangenheit stattfand:

  Bha mi air a bhith a' glanadh an taighe fad trì làithean.
  Ich hatte das Haus drei Tage lang geputzt.

2. Präteritum

- Abgeschlossene Handlung in der Vergangenheit:

  Cheannaich mi an taigh. *Ich kaufte das Haus.*

- Abgeschlossene Handlung von längerer Dauer in der Vergangenheit:

  Bha mi a' glanadh an taighe fad trì làithean.
  Ich war drei Tage damit beschäftigt, das Haus zu putzen.

- Regelmäßig stattfindende Handlung in der Vergangenheit:

  Ghlanadh e an taigh gach samhradh. *Ich putzte das Haus jeden Sommer.*

- Regelmäßig stattfindende Handlung von längerer Dauer in der Vergangenheit:

  Bhiodh e a' glanadh an taighe gach seachdain.
  Ich war jede Woche damit beschäftigt, das Haus zu putzen.

3. Perfekt

- Handlung in der Vergangenheit mit Bezug auf die Gegenwart:

  Tha mi air an taigh a cheannachd. *Ich habe das Haus gekauft.*

- Andauernde Handlung in der Vergangenheit mit Bezug auf die Gegenwart:

  Tha mi air a bhith a' glanadh an taighe fad 3 làithean.
  Ich habe das Haus drei Tage lang geputzt.

4. Präsens

- Einmalige Handlung:

  Glanaidh mi an taigh. *Ich putze das Haus.*

- Zum Zeitpunkt des Sprechens andauernde Handlung:

  Tha mi a' glanadh an taighe an-dràsta. *Ich bin im Moment dabei, das Haus zu putzen.*

- Regelmäßig stattfindende Handlung:

  Glanaidh mi an taigh. *Ich putze (regelmäßig) das Haus.*

- Regelmäßig stattfindende Handlung von längerer Dauer:

  Mar as trice bidh mi a' glanadh an taighe gach madainn.
  Normalerweise bin ich jeden Morgen damit beschäftigt, das Haus zu putzen.

5. Futur

- Mögliche Handlung:

  Glanaidh mi an taigh. *Ich kann das Haus putzen.*
- Einmalige Handlung in der Zukunft:

  Glanaidh mi an taigh. *Ich werde das Haus putzen.*
- Eine Handlung, die zu einem bestimmten Zeitpunkt in der Zukunft länger andauern wird:

  Bidh mi a' glanadh an taighe madainn a-màireach.
  Ich werde dabei sein, das Haus morgen früh zu putzen.
- Regelmäßig stattfindende Handlung (siehe Präsens):

  Glanaidh mi an taigh aon turas gach seachdain. *Jede Woche putze ich einmal das Haus.*
- Regelmäßig stattfindende Handlung von längerer Dauer:

  Bidh mi a' glanadh an taighe fad trì uairean a thìde gach Di-Luain. *Ich bin jeden Montag damit beschäftigt, das Haus drei Stunden lang zu putzen.*

6. Futur 2

- Einmalige Handlung:

  Bidh mi air an taigh a cheannachd. *Ich werde das Haus gekauft haben.*
- Andauernde Handlung:

  Bidh mi air a bhith a' glanadh an taighe fad trì làithean.
  Ich werde das Haus drei Tage lang geputzt haben.

7. Konjunktiv Präsens (im Konditionalsatz I)

- Mögliche Handlung (bei einer Bedingung, deren Erfüllbarkeit in der Gegenwart noch möglich, aber unwahrscheinlich ist):

  Cheannaicheadh e an taigh. *Er würde das Haus kaufen.*
- Mögliche Handlung von längerer Dauer (bei einer Bedingung, deren Erfüllbarkeit in der Gegenwart noch möglich, aber unwahrscheinlich ist):

  Bhiodh e a' glanadh an taighe fad trì làithean.
  Er wäre damit beschäftigt, das Haus drei Tage lang putzen.

8. Konjunktiv Präteritum (im Konditionalsatz II)

- Nicht mehr mögliche Handlung (bei einer Bedingung, deren Erfüllbarkeit in der Vergangenheit möglich gewesen wäre, die zum Zeitpunkt des Sprechens aber nicht mehr erfüllbar ist):

  Bhiodh e air an taigh a cheannachd. *Er hätte das Haus gekauft.*
- Nicht mehr mögliche Handlung von längerer Dauer (bei einer Bedingung, deren Erfüllbarkeit in der Vergangenheit möglich gewesen wäre, die zum Zeitpunkt des Sprechens aber nicht mehr erfüllbar ist):

  Bhiodh e air a bhith a' glanadh an taighe fad trì làithean.
  Er wäre damit beschäftigt gewesen, das Haus drei Tage lang zu putzen.

H. Wann benutze ich welche Zeit? – Passiv

1. Plusquamperfekt

- Die erste von mehreren abgeschlossenen Handlungen in der Vergangenheit:

  Bha an taigh air a cheannachd. *Das Haus war gekauft worden.*

- Eine Handlung von längerer Dauer, die vor weiteren bereits abgeschlossenen Handlungen in der Vergangenheit stattfand:

  Bha an taigh air a bhith a' glanadh fad trì làithean.
  Das Haus war drei Tage lang geputzt worden.

2. Präteritum

- Abgeschlossene Handlung in der Vergangenheit:

  Cheannaicheadh an taigh. / Chaidh an taigh a cheannachd. *Das Haus wurde gekauft.*

- Abgeschlossene Handlung von längerer Dauer in der Vergangenheit:

  Bhathar a' glanadh an taighe fad trì làithean. *Das Haus wurde drei Tage lang geputzt.*

- Regelmäßig stattfindende Handlung in der Vergangenheit:

  Ghlante an taigh gach samhradh. / Rachadh an taigh a ghlanadh gach samhradh.
  Das Haus wurde jeden Sommer geputzt.

- Regelmäßig stattfindende Handlung von längerer Dauer in der Vergangenheit:

  Bhite an taigh a' glanadh gach seachdain.
  Man war jede Woche damit beschäftigt, das Haus zu putzen.

3. Perfekt

- Handlung in der Vergangenheit mit Bezug auf die Gegenwart:

  Tha an taigh air a cheannachd. *Das Haus ist gekauft worden.*

- Andauernde Handlung in der Vergangenheit mit Bezug auf die Gegenwart:

  Tha an taigh air a bhith a' glanadh fad trì làithean.
  Das Haus ist drei Tage lang geputzt worden.

4. Präsens

- Einmalige Handlung:

  Glanar an taigh./ Thèid an taigh a ghlanadh. *Das Haus wird geputzt.*

- Zum Zeitpunkt des Sprechens andauernde Handlung:

  Thathar a' glanadh an taighe an-dràsta. *Das Haus wird im Moment geputzt.*

- Regelmäßig stattfindende Handlung:

  Glanar an taigh. *Das Haus wird regelmäßig geputzt.*

- Regelmäßig stattfindende Handlung von längerer Dauer:

  Mar as trice bidhear an taighe a' glanadh gach madainn.
  Normalerweise bin ich jeden Morgen damit beschäftigt, das Haus zu putzen.

5. Futur

- Mögliche Handlung:
  Glanar an taigh. *Das Haus kann geputzt werden.*
- Einmalige Handlung in der Zukunft:

  Glanar an taigh. / Thèid an taigh a ghlanadh. *Das Haus wird geputzt werden.*
- Eine Handlung, die zu einem bestimmten Zeitpunkt in der Zukunft länger andauern wird:

  Bithear a' glanadh an taighe madainn a-màireach.
  Man wird dabei sein, das Haus morgen früh zu putzen.
- Regelmäßig stattfindende Handlung (siehe Präsens):

  Glanar an taigh aon turas gach seachdain. *Jede Woche wird einmal das Haus geputzt.*
- Regelmäßig stattfindende Handlung von längerer Dauer:

  Bithear a' glanadh an taighe fad trì uairean a thìde gach Di-Luain.
  Ich bin jeden Montag damit beschäftigt, das Haus drei Stunden lang zu putzen.

6. Futur 2

- Einmalige Handlung:

  Bithear air an taigh a cheannachd. *Das Haus wird gekauft worden sein.*
- Andauernde Handlung:

  Bithear air a bhith a' glanadh an taighe fad trì làithean.
  Das Haus wird drei Tage lang geputzt worden sein.

7. Konjunktiv Präsens (im Konditionalsatz I)

- Mögliche Handlung (bei einer Bedingung, deren Erfüllbarkeit in der Gegenwart noch möglich, aber unwahrscheinlich ist):

  Cheannaichte an taigh. / Rachadh an taigh a cheannachd.
  Das Haus würde gekauft werden.
- Mögliche Handlung von längerer Dauer (bei einer Bedingung, deren Erfüllbarkeit in der Gegenwart noch möglich, aber unwahrscheinlich ist):

  Bhite a' glanadh an taighe fad trì làithean.
  Man wäre damit beschäftigt, das Haus drei Tage lang putzen.

8. Konjunktiv Präteritum (im Konditionalsatz II)

- Nicht mehr mögliche Handlung (bei einer Bedingung, deren Erfüllbarkeit in der Vergangenheit möglich gewesen wäre, die zum Zeitpunkt des Sprechens aber nicht mehr erfüllbar ist):

  Bhite an taigh air a cheannachd. *Das Haus wäre gekauft worden.*
- Nicht mehr mögliche Handlung von längerer Dauer (bei einer Bedingung, deren Erfüllbarkeit in der Vergangenheit möglich gewesen wäre, die zum Zeitpunkt des Sprechens aber nicht mehr erfüllbar ist):

  Bhite air a bhith a' glanadh an taighe fad trì làithean.
  Man wäre damit beschäftigt gewesen, das Haus drei Tage lang zu putzen.

I. Überblick über die Präpositionen

Präpositionen in Verbindung mit den Personalpronomen

	mi	thu	e	i	sinn	sibh	iad
à	asam	asad	às	aiste	asainn	asaibh	asta
aig	agam	agad	aige	aice	againn	agaibh	aca
air	orm	ort	air	oirre	oirnn	oirbh	orra
ann	annam	annad	ann	innte	annainn	annaibh	annta
bho	bhuam	bhuat	bhuaithe	bhuaipe	bhuainn	bhuaibh	bhuapa
de	dhìom	dhìot	dheth	dhith	dhinn	dhibh	dhiubh
do	dhomh	dhut	dha	dhi	dhuinn	dhuibh	dhaibh
eadar	–	–	–	–	eadarainn	eadaraibh	eatarra
fo	fodham	fodhad	fodha	foipe	fodhainn	foadhaibh	fòpa
gu	thugam	thugad	thuige	thuice	thugainn	thugaibh	thuca
le	leam	leat	leis	leatha	leinn	leibh	leotha
mu	umam	umad	uime	uimpe	umainn	umaibh	umpa
ri	rium	riut	ris	rithe	ruinn/rinn	ruibh/ribh	riutha
ro	romham	romhad	roimhe	roimhpe	romhainn	romhaibh	rompa
tro	tromham	tromhad	troimhe	troimhpe	tromhainn	tromhaibh	trompa

Betonte Formen der Präpositionen in Verbindung mit den Personalpronomen

	mi	thu	e	i	sinn	sibh	iad
à	asamsa	asadsa	àsan	aistese	asainne	asaibhse	astasan
aig	agamsa	agadsa	aigese	aicese	againne	agaibhse	acasan
air	ormsa	ortsa	air-san	oirrese	oirnne	oirbhse	orrasan
ann	annamsa	annadsa	annsan	inntese	annainne	annaibhse	anntasan
bho	bhuamsa	bhuatsa	bhuaithe-san	bhuaipese	bhuainne	bhuaibhse	bhuapasan
de	dhìomsa	dhìotsa	dheth-san	dhithse	dhinne	dhibhse	dhiubhsan
do	dhomhsa	dhutsa	dhasan	dhise	dhuinne	dhuibhse	dhaibh-san
fo	fodhamsa	fodhadsa	fodhasan	foipese	fodhainne	foadhaibhse	fòpasan
gu	thugamsa	thugadsa	thuige-san	thuicese	thugainne	thugaibhse	thucasan
le	leamsa	leatsa	leis-san	leatha-se	leinne	leibhse	leothasan
mu	umamsa	umadsa	uime-san	uimpese	umainne	umaibhse	umpasan
ri	riumsa	riutsa	ris-san	rithese	ruinne/rinne	ruibhse/ribhse	riuthasan
ro	romhamsa	romhadsa	roimhe-san	roimhpese	romhainne	romhaibhse	rompasan
tro	tromhamsa	tromhadsa	troimhe-san	troimhpese	tromhainne	tromhaibhse	trompasan

Einige Präpositionen in Verbindung mit Possessivpronomen

	mo[1]	do[1]	a[1]	a	ar	bhur / ur	an /am
aig	gam	gad	ga	ga	gar	gur	gan / gam
air	air mo	air do	air a	air a	air ar	air ur	air an / am
ann	nam	nad	na	na	nar	nur	nan / nam
do	dham / gam	dhad / gad	dha / ga	dha / ga	dhar / gar	dhur / gur	dhan / gan
gu	gum	gud	gu a	gu a	gar	gur	gun / gum
le	lem	led	le a	le a	le ar	le ur	le an / am
ri	rim	rid	ris a	ris a	ri ar	ri ur	rin / rim

[1] löst Lenition aus

SCHLÜSSEL ZU DEN ÜBUNGEN

Aonad 1 S. 6/7

4.1 *1.* Ich bin faul. *2.* Bist du faul? *3.* Ja, ich bin faul. *4.* Bist du fleißig? *5.* Nein, ich bin faul. *6.* Bist du nicht müde? Nein *7.* Sind sie faul? *8.* Nein, sie sind müde und fleißig. *9.* Seid ihr nicht müde? *10.* Ja, wir sind müde.

4.2 *1.* Tha mi sgìth. *2.* A bheil thu sgìth? Chan eil. *3.* Nach eil thu sgìth. *4.* Chan eil, tha mi trang. *5.* Tha thu leisg. *6.* Chan eil, tha iad leisg. *7.* Chan eil iad leisg, tha iad trang. *8.* A bheil sibh trang? *9.* Chan eil, tha sinn sgìth. *10.* Tha e sgìth agus tha i trang.

4.3 *1.* bheil. *2.* eil. *3.* tha. *4.* eil

4.4 *1.* Chan eil. *2.* Tha. *3.* Chan eil. *4.* Tha

Aonad 2 S. 12/13

4.2 *1.* Crìsdean ist in Zimmer drei. *2.* Der Russe ist nicht in Zimmer drei. *3.* Ich bin der Engländer. *4.* Wir sind Iain und Seonag. *5.* Sind Sie der Franzose? *6.* Nein. Ich bin der Deutsche. *7.* Sind Sie müde? *8.* Ist der Ire in Zimmer neun? *9.* Wie geht es dem Deutschen? *10.* Es geht ihm gut.

4.3 *1.* Tha an Rùiseach ann an seòmar a seachd. *2.* Tha an Sasannach ann an Glaschu. *3.* Tha Màiri agus Iain ann an Dùn Eideann. *4.* Tha an Sasannach a' fuireach ann an Lunnainn. *5.* An sibhse am Frangach? *6.* Cha mhi, is mise an Sasannach. *7.* An esan an Gearmailteach? *8.* 'S e , 's esan an Gearmailteach à Bonn. *9.* An iadsan Iain agus Màiri? *10.* Chan iad. 'S iadsan Mòrag agus Crìsdean.

Aonad 3 S. 18/19

4.1 *1.* Mir ist kalt. *2.* Calum, bist du da? *3.* Ist Ihnen warm? *4.* Es regnet in Glasgow. *5.* Ist es nicht kalt heute? *6.* Mòrag war gestern nicht in Perth. *7.* Sind Sie müde / Seid Ihr müde? *8.* Mull ist schön. *9.* Crisdean ist kalt. *10.* Ist Mòrag in Glasgow? *11.* Michael, bist du da? *12.* Ailean ist heute da. *13.* Im Moment regnet es nicht. *14.* War es gestern feucht? *15.* Nein, es war sonnig.

4.2 *1.* Tha mi blàth. *2.* Bha i fionnar agus fliuch ann am Peairt. *3.* Tha Crìsdean agus Mòrag sgìth. *4.* Tha i fuar an-diugh ann an Glaschu. *5.* Ciamar a tha thu? *6.* An robh thu sgìth? *7.* Cha robh, bha mi trang. *8.* Nach eil i fuar an-diugh? *9.* A bheil Mòrag ann an Glaschu? *10.* Chan eil, tha i ann am Peairt agus tha Màrtainn ann an Obar Dheathain. *11.* Tha Ober Dheathain brèagha. *12.* Bha mi ann. *13.* A bheil Mòrag ann? *14.* Chan eil, tha Mòrag ann an Glaschu an-diugh agus bha Mìcheal ann am Muile. *15.* A Mhàiri, a bheil thu ann?

4.5 *2.* Is toil le Màiri Muile. *3.* An toil le Iain Leòdhas? *4.* Is toil leinn Dùn Eideann. *5.* Is toil leatha Alba. *6.* Is toil leotha Lunnainn. *7.* An toil leat Peairt?

4.6 *1.* Is toil. *2.* Cha toil. *3.* Is toil. *4.* Cha toil. *5.* Is toil

Aonad 4 S. 26/27

4.1 *1.* Ich habe in einem Büro gearbeitet. *2.* Arbeitest du in einem Krankenhaus? Ja. *3.* Mòrag liest ein Buch. *4.* Hat sie einen Brief gelesen? *5.* Nein, sie liest ein Buch auf Deutsch. *6.* Calum und Màiri arbeiten. *7.* Liest du, Donald? *8.* Nein, ich lerne Englisch. *9.* Ich habe heute kein Gälisch gelernt. *10.* Hat er gestern gearbeitet?

4.2 *1.* Tha Gearmailtis agam. *2.* A bheil thu ag ionnsachadh Gàidhlig? Tha. *3.* Bha Màiri a' leughadh leabhar agus bha Ailean a' sgrìobhadh litir. *4.* Tha Calum ag obair ann am Muile. *5.* Chan eil Peadar ag obair an-diugh. Tha e ann an Glaschu. *6.* Bha e ag ionnsachadh Gàidhlig. *7.* Tha Gàidhlig agus Gearmailtis aig Crìsdean. *8.* Chan eil Fraingis aige. *9.* Tha Calum ag ionnsachadh Fraingis ann an Dùn Eideann. *10.* A Dhòmhnaill, a bheil Gàidhlig agad?

4.3 *1.* Tha Gàidhlig aig Màiri. *2.* Bha Beurla aige. *3.* Chan eil Spàinntis againn. *4.* A bheil Gearmailtis aca? *5.* A bheil Eadailtis agaibh? *6.* Cha robh Fraingis aig Ailean.

4.4 *2.* Tha Gearmailtis aige. *3.* Tha Fraingis againn. *4.* Bha Eadailtis aca. *5.* Tha Gàidhlig aig Calum. *6.* A bheil leabhar agad? *7.* Cha robh Beurla agaibh. *8.* An robh Spàinntis aice?

Aonad 5 S. 32/33

4.1 an taigh, an seòmar, a' chaileag, a' mhàthair, an sgoil, an t-uisge, a' mhadainn, an t-athair, an uinneag, a' mhuir, an sealladh, an cat, am biadh, an caraid

4.2 *1.* Das Fenster ist klein. *2.* Das große Haus ist in Inverness. *3.* Das Dorf ist groß und schön. *4.* Unser Zimmer ist schön. *5.* Das kleine Mädchen liest ein Buch. *6.* Das Wasser ist warm. *7.* Ist das Essen lecker? Ja, es ist sehr gut. *8.* Die Katze ist schwarz. *9.* Der Abend ist schön. *10.* Der Morgen ist kalt.

4.3 *1.* Tha an t-athair trang. *2.* Tha a' mhàthair sgìth. *3.* Tha a' mhadainn bhrèagha fuar. *4.* Tha am biadh math. *5.* Tha an t-uisge fuar. *6.* Tha an sgoil mhòr snog. *7.* Tha a' chaileag bheag a' cluich ball-coise. *8.* A bheil an leabhar mòr inntinneach? *9.* An robh an seòmar beag snog? *10.* Bha an seòmar beag snog ach bha e fuar.

4.4 *1.* am biadh blasta, *2.* a' mhàthair mhòr, *3.* an taigh beag, *4.* an uinneag bheag, *5.* taigh mòr, *6.* a' bhò mhòr, *7.* an leabaidh bhog, *8.* litir bheag, *9.* an loch fuar, *10.* muileann bheag, *11.* an caraid math, *12.* an seòmar blàth, *13.* an t-sìde fhuar, *14.* baile mòr, *15.* an doras dubh

Aonad 6 S. 40/41

4.1 *1.* Seo an taigh agam. *2.* A bheil taigh agaibh ann an Glaschu? *3.* Tha, tha taigh agam an seo ann an Glaschu. *4.* Seo am mac agam, Cailean MacDhòmhnaill agus sin an nighean agam, Màiri NicDhòmhnaill. *5.* Tha an t-acras orm. *6.* Seo an seòmar agam fhìn agus sin an seòmar agad fhèin. *7.* A bheil Màiri ann? Chan eil, tha mi fhìn ann. *8.* Seo Port Rìgh agus sin Inbhir Nis. *9.* A Chailein, a bheil am pathadh ort? *10.* 'S e Màiri Chaimbeul an t-ainm a th' orm agus seo an nighean agam, Ealasaid. *11.* Bha Ealasaid an seo ach cha robh am mac agam, Iain Caimbeul. *12.* Bidh e an siud. *13.* Bha an càr siud mòr. *14.* A bheil an taigh agad beag? *15.* Tha, tha e beag. *16.* Am bi thu ann an Glaschu a-màireach? Cha bhi. *17.* Bidh mi a' coiseachd a-màireach. *18.* Bidh Màiri a' sgrìobhadh litir. *19.* Cuin a bhios tu ann am Port Rìgh? *20.* Chan eil fhios agam.

4.2 *1.* Dies ist meine Tochter Màiri. *2.* Dies ist mein Haus. *3.* Ist das dein Haus? Ja. *4.* Ich selbst war hier und du warst dort. *5.* Ich bin Iain Cameron und dies ist mein Sohn Colin. *6.* Hatte Màiri Durst? *7.* Nein, sie hatte Hunger. *8.* Dies ist mein eigenes Auto. *9.* Iain ist hier und Calum ist dort. *10.* Dies ist Glasgow und jenes ist Edinburgh. *11.* Sie haben Durst. *12.* Calum, wirst du hier sein? *13.* Dies ist unser Haus und jenes ist euer eigenes Haus. *14.* Haben Sie (Habt ihr) ein Zimmer hier? *15.* Nein wir haben ein Zimmer in Portree. *16.* Wann wirst du in Perth sein? *17.* Ich werde nicht in Perth sein, ich werde in Glasgow sein. *18.* Ich werde nicht klettern, ich werde schwimmen. *19.* Was wirst du morgen machen? *20.* Ich werde schreiben und lesen. Ja? Ja!!!

4.3 *1.* Tha gaol agam ort. *2.* Tha gaol aige oirre. *3.* Tha gaol againn air. *4.* Tha gaol aca oirnn. *5.* Tha gaol aice orm. *6.* Tha gaol aige air. *7.* Tha gaol agad orra. *8.* Tha gaol againn oirbh. *9.* Tha gaol agaibh oirnn. *10.* Tha gaol aice air Ailean.

Aonad 7 **S. 49/50**

4.1 *1.* Tha Iain a' bruidhinn ri Màiri. *2.* Tha Calum a' dràibheadh ann an càr bho Dhùn Èideann a Pheairt. *3.* Bha an cat fo bhòrd. *4.* Tha airgead gu leòr agam. *5.* Tha sinn a' dol a Phort Rìgh agus a Bharraigh. *6.* Chan eil an taigh a' còrdadh ri Màiri. *7.* Tha Iain à Glaschu. *8.* An robh thu ann an Leòdhas? Cha robh, bha e fuar an sin. *9.* Tha iad ag ionnsachadh Gàidhlig ann an Glaschu. *10.* Tha an cèol a' còrdadh ri Niall.

4.2 *1.* Hast du in South-Uist getanzt? Ja. *2.* Seonag kauft ein Buch in einem Laden. *3.* Das neue Auto gefällt Alasdair. *4.* Seonag sprach nicht mit Màiri. *5.* Sie lernen kein Englisch in Schottland, sie lernen dort Gälisch. *6.* Niall kaufte ein Buch für Màiri auf Barra. *7.* Es gefällt Màiri nicht. *8.* Ich ging in ein Geschäft. *9.* Er wird einen Brief schreiben. *10.* Seòras hat ein neues Auto.

Aonad 8 **S. 58/59**

4.1 *1.* ann an Canada / à Canada, *2.* ann an Sasainn / à Sasainn, *3.* anns an Fhraing / às an Fhraing, *4.* anns an Eilbheis / às an Eilbheis, *5.* anns an Ostair / às an Ostair, *6.* anns an Spàinnt / às an Spàinnt, *7.* anns an Ruis / às an Ruis, *8.* anns an Eadailt / às an Eadailt. *9.* a Ghlaschu, *10.* a Chanada, *11.* a Shasainn, *12.* dhan Fhraing, *13.* dhan Eilbhis, *14.* dhan Ostair, *15.* dhan Spàinnt, *16.* dhan Ruis, *17.* dhan Eadailt, *18.* dhan Òban, *19.* a dh'Inbhir Nis, *20.* a Bharraigh, *21.* a Dhùn Èideann, *22.* a dh' Uibhist a Deas, *23.* dhan Eilean Sgitheanach, *24.* dhan Ghearasdan, *25.* a Mhuile, *26.* a dh'Obair Dheathain. (***Don** wäre in dieser Übung ebenso richtig wie **dhan**.*)

4.2 *1.* Tha Giovanni às an Eadailt. Tha Eadailtis aige. *2.* Tha Svetlana às an Ruis. Tha Ruisis aice. *3.* Tha Betty à Sasainn. Tha Beurla aice. *4.* Tha José às an Spàinnt. Tha Spàinntis aige. *5.* Tha Ailean à Alba. Tha Gàidhlig aige. *6.* Tha Brian à Èirinn. Tha Gaeilge aige. *7.* Tha Inge às a' Ghearmailt. Tha Gearmailtis aice.

4.3 *1.* Tha mi ann an Glaschu. *2.* Tha Màiri anns a' Ghearasdan. *3.* Tha Mìcheal às a' Ghearmailt agus tha Iain à Alba. *4.* Tha Tòmas às a' Chuimrigh agus tha e a' dol a Shasainn. *5.* Tha e snog ann an Sasainn. *6.* Tha Màiri a' dol bhon Eilean Sgitheanach don/dhan Ghearsadan. *7.* Anns a' Ghearasdan tha i a' dol do bhùth agus tha i a' ceannachd leabhar. *8.* Tha Alasdair anns a' bhùth cuideachd. *9.* Tha Alasdair às an Òban agus tha e a' dol don/ dhan Fhraing. *10.* Bidh e ag ionnsachadh Fraingis anns an Fhraing. *11.* Tha Seonag anns an sgoil anns an Òban. Tha i ag ionnsachadh Gearmailtis an sin.

Aonad 9 **S. 66/67**

4.1 seòmar-cadail / bòrd / stòbha / cupa / fuaradair / truinnsear / tuba / cidsin / sauna / àite-teine / preasa / taigh-beag / inneal-shoithichean / sòfa / sèilear / reòthadair / langasaid

4.2 *2.* Tha a chòta air a' phreasa. *3.* Tha ar màileid fon leabaidh. *4.* Tha ur stocainnean anns an t-seìlear. *5.* Tha a brògan air an t-sòfa / an langasaid. *6.* Tha ar cèic air an truinnsear. *7.* Tha a dhràthais anns an rùm-ionnlaid. *8.* Tha am màileid anns a' chidsin. *9.* Tha a lèine anns a' chàr. *10.* Tha do chèic anns an fhuaradair.

4.3 *1.* Tha Iain a' cur a bhriogais dheth. *2.* Tha Màiri a' cur a lèine dhith. *3.* Tha sinn a' cur ar stocainnean oirnn. *4.* Tha sibh a' cur ur brògan dhibh. *5.* Tha mi a' cur mo chòta orm. *6.* Tha thu a' cur do chòta dhìot. *7.* A bheil iad a' cur an stocainnean dhiubh? *8.* Tha i a' cur a còta dhith. *9.* Tha Dàibhidh a' cur mo chòta air. *10.* Tha thu a' cur a bhriogais ort.

4.4 *1.* Tha m' athair a' fuireach ann an Dùn Èideann. *2.* Tha d' athair a' fuireach anns an Òban. *3.* Tha mo chòta anns an t-seòmar-suidhe. *4.* Tha mi fuar. Tha mi a' cur mo gheansaidh orm. *5.* Tha a màthair a' dràibheadh bhon Eilean Sgitheanach a dh'Inbhir Nis. *6.* Tha a bhràthair anns an taigh-òsta agus tha e ag òl uisge-beatha. *7.* Tha sinn ag obair anns an oifis againn. *8.* Tha ar n-athair tinn. *9.* Tha briogais air athair. *10.* Tha ur nighean anns an sgoil agus tha am mac aig an taigh.

Aonad 10 — S. 75–77

4.2 *2.* 'S e dotair a th' ann am Màiri / a th' innte. *3.* 'S e iasgair a th' ann an Iain / a th' ann. *4.* 'S e reiceadair a th' ann an Sìne / a th' innte. *5.* 'S e oileanaich a th' annainn. *6.* 'S e posta a th' annad. *7.* 'S e banaltram a th' annam. *8.* 'S e dràibhear-tacsaidh a th' annam. *9.* 'S e poileas a th' annam / a tha ann an Dàibhidh. *10.* 'S e fear-teagaisg a th' ann am Mìcheal / a th' ann.

4.3 *2.* Chan e. 'S e iasgair a th' ann. *3.* 'S e. 'S e fear-teagaisg a th' ann. *4.* 'S e. 'S e iasgair a th' ann. *5.* 'S e. 'S e oileanaich a th' annta. *6.* 'S e. 'S e reiceadair a th' innte.

4.4 *1.* Tha Màiri na suidhe aig a' bhòrd. *2.* Tha Alasdair na shìneadh anns an leabaidh. *3.* Tha sinn nar seasamh air an t-sràid. *4.* Tha iad nan cadal air a' bhus. *5.* Tha thu nad ruith don bhaile. *6.* Tha i na sìneadh air an tràigh.

4.5 *1.* Tha e a' seasamh. *2.* Tha Màiri a' suidhe. *3.* Tha sinn a' ruith. *4.* Tha Calum a' cadal. *5.* Tha Mòrag a' dùsgadh.

4.6 *2.* Tha i nam chàr. *3.* Tha sinn nur càr. *4.* Tha thu nam chàr. *5.* Tha e nar càr. *6.* Tha sinn nan càr. *7.* Tha e na chàr. *8.* Tha sinn nar càr. *9.* An robh e na càr? *10.* Cha robh i nam chàr.

4.7 *1.* Mòrag sitzt am Tisch *2.* Calum steht auf der Straße. *3.* Wir sitzen auf dem Sofa. *4.* Sie liegen im Bett. *5.* Ich renne. *6.* Du streckst dich am Strand aus. *7.* Ihr schlaft. *8.* Iain ist im Moment ein Fischer. *9.* Ich arbeite im Moment als Taxifahrer, aber ich bin Ingenieur. *10.* Sie arbeitet im Moment als Büroangestellte, aber sie ist Ärztin. *11.* Er streckt sich auf dem Sofa aus.

Aonad 11 — S. 83/84

4.1 *1.* Tha Calum a' bruidhinn ri Màiri. *2.* Tha mi ag èisteachd ris an rèidio. *3.* Tha mi cho sgìth ri Tormod. *4.* Bha Sìne a' bruidhinn ris. *5.* An robh a' chèilidh a' còrdadh riut? *6.* Tha Iain a' bruidhinn ruinn. *7.* Bha iad ag èisteachd riutha. *8.* Tha iad a' bruidhinn rithe. *9.* Chan eil mi ag èisteachd riut. *10.* Bha am biadh a' còrdadh riutha. *11.* Tha Iain a' bruidhinn ris. *12.* A bheil thu a' dol còmhla rium. *13.* Tha Calum a' dol còmhla ri Màiri. *14.* Cha bhi mi a' dol còmhla riutha. *15.* An robh Màiri a' bruidhinn ruibh.

4.2 *1.* Tha mi ga moladh. *2.* Tha e gad mholadh. *3.* Tha mi ga cheannachd. *4.* Tha thu gam bualadh. *5.* Tha Tormod na shuidhe aig a' bhòrd agus tha e ga leughadh. *6.* A bheil thu gam thuigsinn? *7.* Chan eil sinn gur tuigsinn. *8.* Tha mi a' bruidhinn riut. *9.* Tha Tormod a' bruidhinn ri Iain. *10.* Tha Iain ag èisteachd ris an rèidio. *11.* A bheil thu ag èisteachd rium? *12.* Tha mi nam sheasamh ris a' bhalla. *13.* Tha iad a' bruidhinn riutha. *14.* Tha sibh gar faicinn. *15.* Tha iad ga mholadh.

4.3 *1.* Ich schlage dich. *2.* Er lobt mich. *3.* Ich kaufe sie (Pl.). *4.* Sie sehen uns. *5.* Iain erkennt uns. *6.* Erkennst du mich? *7.* Tormod erkennt sie. *8.* Verstehst du mich? *9.* Ich verstehe dich nicht. *10.* Sie loben ihn. *11.* Ich sitze. *12.* Hast du Radio gehört? *13.* Ich werde nicht mit dir gehen. *14.* Ich bin so beschäftigt wie Calum. *15.* Sìne steht an einem Auto.

Aonad 12 **S. 92/93**

4.2 a' fosgladh: 09:30 – leth-uair an dèidh naoi uairean sa mhadainn | 08:00 – ochd uairean sa mhadainn | 08:30 – leth-uair an dèidh ochd uairean sa mhadainn | 07:15 – cairteal an dèidh seachd uairean sa mhadainn | 06:00 – sia uairean sa mhadainn | 09:00 – naoi uairean sa mhadainn | 14:30 – leth-uair an dèidh dà uair feasgar | 18:30 – leth-uair an dèidh sia uairean feasgar | 11:00 – aon uair deug sa mhadainn | 10:30 – leth-uair an dèidh deich uairean sa mhadainn | 18:00 – sia uairean feasgar | a' dùnadh: 17:00 – còig uairean feasgar | 23:30 – leth-uair an dèidh aon uair deug feasgar | 14:00 – dà uair feasgar | 13:00 – uair feasgar | 17:05 – còig mionaidean an dèidh còig uairean feasgar | 18:30 – leth-uair an dèidh sia uairean feasgar | 21:30 – leth-uair an dèidh naoi uairean feasgar | 00:00 – dà uair dheug / meadhan-oidhche | 19:00 – seachd uairean feasgar | 22:30 – leth-uair an dèidh deich uairean feasgar | 23:00 – aon uair deug feasgar

4.3 a' falbh: 05:00 – còig uairean sa mhadainn | 06:45 – cairteal gu seachd uairean sa mhadainn | 07:50 – deich mionaidean gu ochd uairean sa mhadainn | 11:45 – cairteal gu dà uair dheug meadhan-latha | 12:30 – leth-uair an dèidh dà uair dheug meadhan-latha | 13:00 – uair feasgar | 20:45 – cairteal gu naoi uairean feasgar | a' ruigsinn: 12:00 – dà uair dheug meadhan-latha | 10:15 – cairteal an dèidh deich uairean sa mhadainn | 14:50 – deich mionaidean gu trì uairean feasgar | 21:10 – deich mionaidean an dèidh naoi uairean feasgar | 22:35 – còig mionaidean an dèidh leth-uair an dèidh deich uairean feasgar | 23:55 – còig mionaidean gu dà uair dheug | meadhan-oidhche | 00:15 – cairteal an dèidh dà uair dheug | meadhan-oidhche

4.4 taigh, trì càraichean, còig eich dheug, dà bhòrd, fichead trèana, dà chupa, dà chàr dheug, ceithir eich dheug

Aonad 13 **S. 101/102**

4.2 geansaidh: còig notaichean air fhichead agus leth cheud sgillin | briogais: trì fichead not 's a seachd agus ceithir fichead sgillin 's a deich | brògan: ceithir fichead not 's a naoi agus deich sgillin air fhichead | seacaid: trì fichead not 's a h-ochd deug | lèine: aon not air fhichead agus leth cheud sgillin | lèine-T: deich notaichean ach sgillin | diese: ceithir fichead not 's a sia deug ach sgillin | ad: trì notaichean air fhichead agus leth cheud sgillin | sgiorta: dà fhichead not 's a còig deug agus dà fhichead sgillin | stocaninnean: aon not air fhichead agus ceithir fichead sgillin | miotagan: fichead not ach sgillin | còta: trì fichead not 's a còig deug

4.3 Màiri: dà fhichead bliadhna 's a h-aon | Calum: còig bliadhna deug | Mìcheal: dà fhichead bliadhna 's a sia | Dòmhnall: dà fhichead bliadhna 's a h-aon deug | Seumas: ceithir fichead bliadhna 's a sia | Mòrag: dà bhliadhna dheug | Iain: dà fhichead bliadhna 's a còig deug | Sìne: trì fichead bliadhna 's a seachd | Crìsdean: dà fhichead bliadhna 's a seachd | Anna: ceithir fichead bliadhna 's a dhà dheug | Iseabail: trì fichead bliadhna 's a naoi deug | Seòras: ceithir bliadhna deug air fhichead

Aonad 14 S. 111–114

4.1 *2.* seòmar taighe, *3.* each balaich, *4.* bàrd baile, *5.* earball eich, *6.* bròg nighinn, *7.* uinneag taighe, *8.* feusag fir, *9.* dath cait, *10.* meud càir

4.2 *2.* seòmar an taighe, *3.* each a' bhalaich, *4.* bàrd a' bhaile, *5.* earball an eich, *6.* bròg na nighinn, *7.* uinneag an taighe, *8.* feusag an fhir, *9.* dath a' chait, *10.* meud a' chàir

4.3 *2.* càr Mòraig, *3.* bàta Theàrlaich, *4.* oifis Mhìcheil, *5.* seòmar Sìne, *6.* bròg Màiri, *7.* each Sheòrais, *8.* cat Phàdraig, *9.* feusag Chaluim, *10.* bùth Chrìsdein

4.4 *2.* sgoil Phort Rìgh, *3.* drochaid an Eilein Sgitheanaich, *4.* Caisteal Dhùn Èideann, *5.* Colaiste Pheairt, *6.* aiseag Mhuile, *7.* stèisean a' Ghearasdain, *8.* Banca Rìoghail na h-Alba, *9.* muinntir na h-Eilbheis, *10.* meadhan-baile Dhùn Dèagh

4.5 *1.* Tha. Tha Banca Rìoghail na h-Alba air sràid a' bhanca. *2.* Tha Banca Dhàil Chluaidh air sràid na h-Eaglaise mu choinneimh na h-eaglaise. *3.* Chan eil. Tha àite-bìdh math air cùlaibh na sgoile air sràid Ghlaschu. *4.* Chan eil. Tha craobh àrd a' fàs air beulaibh an taighe. *5.* Cha bhi. Bidh iad a' feitheamh air beulaibh Taigh na Mara.

4.6 *1.* Tha mi a' fuireach ri taobh na sgoile. *2.* Tha taigh Sheumais air cùlaibh a' bhanca. *3.* Tha an t-àite-bìdh ri taobh na h-eaglaise. *4.* Tha Mòrag a' feitheamh air beulaibh an taighe. *5.* Tha mi a' faicinn do mhàthar. *6.* Tha Teàrlach a' fosgladh an dòrais. *7.* Tha sinn a' faicinn na h-eaglaise. *8.* Tha nead na circe blàth. *9.* Tha brògan Eilidh snog. *10.* Tha e a' bruidhinn ruinn ri taobh doras an taighe.

4.7 *1.* Màiri wohnt gegenüber der Kirche. *2.* Er sprach mit ihnen. Sie standen vor dem Haus. *3.* Ich sehe meine Mutter. *4.* Das Auto von Seumas ist schrecklich groß. *5.* Màiri hat den Haustürschlüssel. *6.* Das Zimmer von Thomas ist sehr klein und das Zimmer von Màiri ist sehr groß. *7.* Ich sehe dich im Fenster eines Hauses. *8.* Sìne lässt den Wagen in der Stadt. *9.* Das Haus seiner Mutter hat zwei Schlafzimmer. *10.* Die Post öffnet um 8:15 morgens.

Aonad 15 S. 121–123

4.1 *2.* Bu toil le Iain cadal. *3.* Bu toil le Niall seinn. *4.* Bu toil le Donnchadh iasgach. *5.* Bu toil le Sìne coiseachd. *7.* Bu toil leatha snàmh. *8.* Bu toil leinn dannsadh. *9.* Bu toil leotha còcaireachd. *10.* Bu toil leis sgrìobhadh.

4.2 *2.* Cha bu toil, bu toil leatha coiseachd. *3.* Cha bu toil, bu toil leis iasgach. *4.* Bu toil, bu toil leatha leughadh. *5.* Bu toil, bu toil leis cadal. *7.* Bu toil, bu toil leatha snàmh. *8.* Cha bu toil, bu toil leinn dannsadh. *9.* Bu toil, bu toil leotha còcaireachd. *10.* Cha bu toil, bu toil leis sgrìobadh.

4.4 *1.* Thoir dhomh an leabhar! *2.* Tha Niall a' toirt pòg do Mhàiri. *3.* Thoiribh dha an càr! B' fheàrr leis dràibheadh na coiseachd. *4.* A Shìne thoir dhomh an càr! *5.* Tha piobair a dhìth air an stèic. Thoir dhomh am piobair! *6.* Bu toil leatha leughadh. Tha e a' toirt an leabhair dhi. *7.* Thoiribh dhomh airgead! *8.* Bu toil le Màiri seinn ach b' fhèarr le Iain leughadh. *9.* Am bu toil leat biadh Sìonach? *10.* Cha bu toil. Bu toil leam biadh Frangach.

Aonad 16 S. 129/130

4.1 dràibh, dhràibh, do dhràibh | òl, dh'òl, do dh'òl | leugh, leugh, do leugh | cluich, chluich, do chluich | èist, dh'èist, do dh'èist | feuch, dh'fheuch, do dh'fheuch | seinn, sheinn, do sheinn | snàmh, shnàmh, do shnàmh | bruidhinn, bhruidhinn, do bhruidhinn | till, thill, do thill | caidil, chaidil, do chaidil | seas, sheas, do sheas | suidh, shuidh, do shuidh | ruith, ruith, do riuth | sìn, shìn, do shìn

4.3 *1.* Dhràibh Iain a Ghlaschu. *2.* An do sheinn thu òran? *3.* Cha do sheinn, leugh mi leabhar. *4.* Thill iad bhon Eilean Sgitheanach a Dhùn Dèagh an-dè. *5.* Di-Luain dh'òl sinn uisge-beatha math. *6.* An do sgrìobh thu litir? *7.* Cha do sgrìobh, shnàmh mi. *8.* Bhuail mo bhràthair mi. *9.* Dh'ith mi brot anns a' chafaidh an-raoir agus dh'fhosgail mi botal fìon. *10.* Ach cha do dh'òl Màiri fìon.

Aonad 17 **S. 135/136**

4.1 (*Die folgenden Antworten sind Muster. Ihre Antworten können im Detail selbstverständlich davon abweichen. Hier werden zum Teil lediglich die richtigen Satzanfänge und Verbformen aufgeführt.*)
2. Cha tuirt. Ghabh iad carabhan ... *3.* Cha do dh'ith. Dh'ith iad ann an cafaidh shaor. *4.* Cha tuirt. Thuirt e gun do dhràibh iad tòrr agus gun do shnàmh iad tòrr. *5.* Cha do dhath. Loisg e e fhèin anns a' ghrèin. *6.* Throid. Throid i ris nach do chuir e dìon-grèine air. *7.* Cha deach. Chaidh iad a Pharis. *8.* Thuirt. Bha e uabhasach daor. *9.* Dhìrich. *10.* Cha do thadhail. Thadhail iad air an Louvre. *11.* Cheannaich. *12.* Dh' fhalaich i aodach ann an cùla' chàir. *13.* Chòrd. Chòrd e glan riutha. *14.* Chòrd. Bha iad toilichte. *15.* Thuirt. Thuirt e gun do chrath an cù earball.

4.3 *2.* Thadhail Iain air Màiri. *3.* Thuirt e gun do thadhail e ort. *4.* An do thadhail thu air do mhàthair? *5.* Nach do thadhail thu air do sheanmhair? *6.* Thadhail sinn oirbh. *7.* Tha sibh a' tadhal oirnn. *8.* A bheil thu a' tadhal orm? *9.* Tha e a' tadhal oirre. *10.* Thadhail Màiri orra.

Aonad 18 **S. 143/144**

4.2 *2.* chaidh / Wann ging Màiri in die Stadt? *3.* cheannaich / Warum kauften sie ein neues Auto? *4.* do ràinig / Er sagt, dass der Zug Inverness um fünf Uhr erreichte. *5.* do ràinig / Hast du Glasgow gestern erreicht? / Bist du gestern in Glasgow angekommen? *6.* do dh'ol / Sagte er nicht, dass er Wein getrunken hat im Hotel? *7.* do rinn / Sie sagte, dass sie keinen Kuchen gestern gemacht hat. *8.* rinn / Wie hast du den Kuchen gemacht? *9.* bha / Mit wem sprach er in dem Geschäft? *10.* cheannaich / Wem hat Seonag dieses Buch gekauft?

4.3 *1.* Cuin a bhios tu ann an Glaschu? *2.* Ciamar a tha Màiri? *3.* Càite an deach thu an-raoir? *4.* An deach thu dhan bhaile? *5.* Dè rinn Crìsdean an-dè? *6.* Cuin a ràinig an trèana Dùn Èideann? *7.* Ràinig mi Port-Rìgh an-raoir aig leth-uair an dèidh naoi. *8.* Ghabh mi am bus gu meadhan a' bhaile. *9.* An do cheannaich thu leabhar ann an Glaschu? *10.* Chaidh mi do Chomhairle nan Leabhraichean agus cheannaich mi dà leabhar.

4.4 *1.* Ich ließ die Tasche im Zug nach Inverness. *2.* Als wir Portree erreichten, waren wir alle schrecklich müde.
3. Bist du gestern Abend zum Cèilidh gegangen? *4.* Nein, ich habe bis elf Uhr gearbeitet. *5.* Ich bin letzte Woche nach Schottland gefahren und es hat mir sehr gut gefallen. *6.* Mit wem hast du in dem Laden gesprochen? *7.* Wo hast du meine Tasche gelassen? *8.* Ich nahm den Bus am Bahnhof um sechs Uhr. *9.* Ich bin in der Innenstadt aus dem Bus ausgestiegen. *10.* Wie viele Bücher hast du gekauft?

Aonad 19 **S. 152/153**

4.1 (*Hier werden nur kurze Antworten mit den korrekten Verbformen gegeben. Ihre Antworten können natürlich ausführlicher sein.*) 2. 'S e, 's e dùthaich bhrèagha a th' ann. *3.* Chunnaic. *4.* Chunnaic e cuideachd am broch ann an Càrlabhagh agus an taigh-tughaidh ann an Arnol. *5.* Is toil. Is toil leis gu mòr e. *6.* Chan fhaca. *7.* Cha chuala. Chuala e droch phìobaire. *8.* Bha an t-uisge ann. *9.* Cha tàinig ach thàinig an tacsaidh sa bhad. *10.* Chunnaic e an taisbeanadh ann an taigh-tasgaidh ann an Cill Donnain. *11.* Chunnaic. Chunnaic e e timcheall air a' bhàt'-aiseag. *12.* Bha. Bha gu dearbh fhèin.

4.3 *1.* thugam, *2.* gu, *3.* thuca, *4.* chun an dorais, *5.* thugaibh, *6.* gu Seonag, *7.* gus, *8.* thugam, *9.* chun na h-uinneige, *10.* thuice

4.4 *1.* a, *2.* an, *3.* an, *4.* an, *5.* an

4.5 *1.* cuin, *2.* càite, *3.* cò, *4.* carson, *5.* dè

4.6 *1.* Iain rief mich an. *2.* Ich schicke einen Brief an Màiri in Glasgow. *3.* Hattest du sie informiert, dass ich in die Stadt ging? *4.* Wann schickte er dir eine E-Mail? *5.* Sie informierten sie (Pl.). *6.* Als wir zu der Kirche kamen, war sie geschlossen. *7.* Habe ich dich nicht informiert, dass ich in der Stadt war? *8.* Nein, aber ich habe dir eine E-Mail geschickt, dass ich weg war. *9.* Er ging bis zur Tür.

4.7 *1.* Chuir e litir gu Iain. *2.* Cuir litir thugam à Barraigh. *3.* Cuin a chuir e am post-dealain thugad? *4.* Chuir an-dè ach cha do rinig e mi. *5.* Carson a rinn e sin? *6.* Chaidh i chun an dorais agus dh'fhosgail i e. *7.* Cuiribh fios thugam! *8.* Chuir sinn litir thuca. *9.* Chuir Ailean post-dealain gu Ciorstain. *10.* An do chuir i litir gu Glaschu?

Aonad 20 **S. 160/161**

4.1 *1.* Thug mi dha an càr. *2.* Thug Màiri an leabhar bhuam. *3.* Thug i a h-ad dhith. *4.* Thug Iain am botal às a' bhaga. *5.* Thug iad an càr bhuaibh. *6.* Thug sinn leibh briosgaidean. *7.* Thug an tidsear orm ionnsachadh. *8.* Thoir dhomh do làmh. *9.* An tug thu am bann dheth? *10.* Cha tug, tha e ro lag fhathast.

4.3 *1.* Fhuair, *2.* d' fhuair, *3.* d' rug, *4.* d' rug, *5.* Thug, *6.* tug, *7.* d' fhuair, *8.* d' fhuair, *9.* Thug, *10.* do ruig

4.4 *1.* Fhuair mi snathad bhon dotair. *2.* Fhuair Donnchadh briosgaidean bho Shìne. *3.* Fhuair i mapa bhuainn. *4.* Tha mi airson d' fhaicinn an-diugh. *5.* Chan eil e airson a faicinn. *6.* Tha an dotair airson fhaicinn. *7.* Ràinig Iain am bàt'-aiseag aig còig mionaidean gu dà uair dheug. *8.* Fhuair mi a-mach nach robh Màiri anns an sgoil. *9.* Rug a' chearc dà ugh. *10.* An do rug thu air a' bhàt-aiseag an-dè? Rug. *11.* An d' fhuair thu càr ùr?

4.5 *1.* Er brachte ihr ein Buch mit. *2.* Er zog den Jungen am Ohr. *3.* Ich bekam gestern eine Flasche Rotwein. *4.* Ich wollte dich sehen. *5.* Iain ist auf dem Wege der Besserung. *6.* Eilidh machte sich Sorgen, als Calum nicht nach Hause kam. *7.* Sie bekamen ein Mittel gegen den Schmerz. *8.* Nahm er Geld aus dem Portemonnaie? *9.* Das Huhn legte zwei Eier. *10.* Mein linker Fuß, meine rechte Hand und mein Kopf waren verletzt.

Aonad 21 **S. 169**

4.1 *2.* Tha an tì a tha anns a' chupa fuar. *3.* Dh' òl Iain a bha ann an taigh-seinnse pinnt. *4.* Sin an litir a sgrìobh Mòrag. *5.* Sin an duine a thuit far creige. *6.* Sin an tì as toil leam. *7.* Seo an taigh mòr a cheannaich mi. *8.* Sin am Frangach a dh'ionnsaich Gàidhlig. *9.* Sin am balach as aithne dhomh. *10.* Sin an nighean as aithne do Mhàiri.

4.2 *1.* bha, *2.* nach robh, *3.* nach, *4.* eil, *5.* tha, *6.* as, *7.* as, *8.* a, *9.* a, *10.* as

4.3 Ged **a** tha i grianach, tha i fuar an-diugh, nach eil? | M**a** tha thu fuar, cuir an teas air. | Dè an leabhar **a** tha thu a' leughadh seo? | 'S e leabhar ùr **a** tha seo. | 'S e Aonghas Caimbeul an t-ainm **a** tha air an ùghdar. | 'S e sgrìobhaiche math **a** tha ann an Aonghas còir. | An e leabhar math **a** th' ann? | Sin tì **a** cheannaich mi anns a' bhaile, Earl Grey. | Sgoinneil, sin an tì **as** fhèarr leam. | Dè na briosgaidean **a** tha thu a' ciallachadh? | Na briosgaidean **a** tha air a' bhòrd. | Bha tubaist aig cuideigin **a** shreap ann an Uibhist a Deas. | Thuit e nuair **a** shreap e Beinn Mhòr. | 'S e Donnchadh Mac Aoidh an t-ainm **a** th' air. | Sin an duine **a** thuit far na creige. | Sin am fear **a** reic an càr rium ann an Inbhir Nis. | Oh tha seo blasta, sin an tì **as** toil leam! | Agus is toil leam leabhraichean fada agus inntinneach **a** tha làn fiosrachaidh agus eachdraidh. | Tha mi fhìn a' leughadh leabhar an-dràsta **a** tha inntinneach cuideachd. | Sin leabhar **as** toil leam – m**a** tha e inntinneach agus tarraingeach. | O agus seo agam an leabhar **as** toil leam gu h-àraid: *Asterix an Ceilteach.* | Chan eil, tha aon bhaile bheag Cheilteach ann **a** tha ... | 'S e àite cunnartach **a** tha anns a' bhùth seo.

Aonad 22 S. 177/178

4.1 Tha Màiri àrd agus caol. Tha sùilean donn aice/oirre. Tha falt goirid liath oirre. Tha briogais ghoirid, stocainnean fada, ad ghrannda agus brògan dubha oirre. Tha Tòmas àrd agus reamhar. Tha sùilean liath aige/air. Tha falt fada dubh air. Tha briogais ghorm, brògan donn agus lèine-T Ghàidhlig air.

4.4 *1.* Das ist es, was Màiri zu Crìsdean sagte. *2.* Dies ist die Frau, mit der ich im Laden sprach. *3.* Bist du der Calum, der das neue Auto hat? *4.* Das ist die Radiosendung, die ich gestern hörte. *5.* Ist dies das Hotel, in dem ihr gewohnt habt, als ihr in Schottland wart? 6. Ich will ein Auto in roter Farbe. *7.* Dieses Haus ist verwittert, aber es ist schön. *8.* Der Garten leuchtete in traumhaften Farben. *9.* Meine Hose und dein Pullover haben die gleiche Farbe. *10.* Er ist ein Vollidiot.

4.5 *1.* Tha dùil agam ri dreuchd ùr. *2.* A bheil cuimhne agad air Dòmhnall? *3.* 'S aithne dhomh Màiri, ach chan eil mi eòlach air Seonag. *4.* Sin an taigh-òsta ann an Inbhir Nis anns an robh sinn a' fuireach. *5.* Tha falt fada bàn oirre agus tha falt goirid glas air. *6.* Tha briogais stiallach oirre. *7.* An tusa a' Mhàiri aig a' bheil Gàidhlig? *8.* Chan eil sgillinn ruadh agam anns an sporan. *9.* 'S e dearg amadan a tha ann an Dàibhidh. *10.* Cheannaich Mòrag dath-lipean snog.

Aonad 23 S. 186/187

4.1 *1.* le bàta mòr, *2.* leis a' bhàta mhòr, *3.* ri taobh bàta mhòir, *4.* ri taobh a' bhàta mhòir, *5.* seòl a' bhàta mhòir, *6.* ann an càr beag, *7.* fo chàr beag, *8.* doras a' chàir bhig, *9.* doras mòr a' chàir, *10.* fon chàr mhòr, *11.* anns a' chàr mhòr, *12.* aig nighinn bhig, *13.* aig an nighinn bhig, *14.* baga na nighinn bige, *15.* ri taobh na nighinn bige, *16.* ann an sgoil bhig, *17.* anns an sgoil bhig, *18.* uinneag sgoile, *19.* uinneag mhòr na sgoile, *20.* ri taobh na sgoile bige

4.2 *1.* Is toil leam càr a cheannachd. *2.* Feumaidh mi Iain fhaicinn. *3.* Tha mi ag iarraidh fìon dearg òl. *4.* Tha mi airson an taigh a cheannachd. *5.* Tha mi ag iarraidh Gàidhlig ionnsachadh. *6.* Is toil leam ball-coise a chluich. *7.* An toil leat uisge-beatha òl? *8.* A bheil thu airson stèic ithe? *9.* Tha Sìne airson Iain a phòsadh. *10.* Is beag orm am bàta a reic.

4.3 Oh cha toil leam **aodach** a cheannachd idir. | Chan eil mise ag iarraidh **a' bhriogais seo** fheuchainn. | Ceart ma-tha, feumaidh sinn **briogais** eile a lorg. | Chan eil mise ag iarraidh **d'** fhaicinn mar seo. | Ach tha mise airson **lèine dhearg** a cheannachd. | Is toil leam **biadh math** ithe agus is toil leam **fìon math** òl cuideachd. | Nise, a bheil thu airson **seacaid** a cheannachd. | Tha mi toilichte **sin** a chluinntinn. | Uill feumaidh sinn **a' bhriogais dhaor** seo a phàigheadh.

Aonad 24 S. 196/197

4.1 *1.* Is toil leam snàmh anns an loch. *2.* Feumaidh mi litir a sgrìobhadh. *3.* Tha mi ag iarraidh cofaidh òl. *4.* Tha e ag iarraidh coimhead air an telebhisean. *5.* Tha mi airson dol a dh'Alba. *6.* Bu toil leis dannsadh aig a' chèilidh. *7.* Tha Màiri airson dol dhan taigh-dhealbh. *8.* Cha toil leam an leabhar a leughadh. *9.* Bu toil le Iain Gàidhlig ionnsachadh ann an Glaschu. *10.* Chan eil mi airson trod ris.

4.2 *1.* fhuaire, *2.* trainge, *3.* motha, *4.* àirde, *5.* inntinniche, *6.* fhasa, *7.* sine, *8.* treasa, *9.* buige, *10.* blasta

4.3 *1.* motha, *2.* inntinniche, *3.* glice, *4.* gràinde, *5.* sine, *6.* boidhche, *7.* treasa, *8.* miosa, *9.* lugha, *10.* luaithe

4.4 *1.* Tha Sasainn nas motha na Alba. *2.* Tha iasg nas fheàrr na pizza. *3.* Tha Màiri nas trainge na Eilidh. *4.* 'S e Iain as fheàrr anns an sgoil. *5.* 'S e an cafaidh ann an Cill Donnain am fear as fheàrr ann an Uibhist a Deas. *6.* 'S e fìor droch bhiadh a tha seo! *7.* Sin am fìon as miosa a dh'òl mi a-riamh. *8.* Tha Gàidhlig nas fhasa na Ruisis. *9.* 'S e seann chàr grannda a th' ann. *10.* Tha thusa nas lugha na mise.

Aonad 25 S. 203-205

4.1 ionnsaichaidh mi, an ionnsaich thu, a dh'ionnsaicheas tu, chan ionnsaich thu, chan ionnsaich thu, ionnsaichaidh, cha ionnsaich | ceannaichidh tu, an ceannaich thu, a cheannaicheas tu, cha cheannaich thu, nach ceannaich thu, ceannaichidh, cha cheannaich | èiridh tu, an èirich thu, (a dh' eìreas tu), chan èirich thu, nach èirich thu. èiridh, chan èirich | goididh tu, an goid thu, a ghoideas tu, cha ghoid thu, nach ghoid thu, goididh, cha ghoid | gabhaidh tu, an gabh thu, a ghabhas tu, cha ghabh thu, nach ghabh thu, gabhaidh, gha ghabh | fàgaidh tu, am fàg thu, a dh'fhàgas tu, chan fhàg thu, nach fhàg thu fàgaidh, chan fhàg | dìrichidh tu, an dìrich thu, a dhìricheas tu, cha dìrich thu. Nach dìrich thu, dìrichidh, cha dìrich | loisgidh tu, an liosg thu, a loisgeas tu, cha loisg thu, nach loisg thu, loisgidh, cha loisg | troididh tu, an troid thu, a throideas tu, cha troid thu, nach troid thu , troididh, cha troid | seòlaidh tu, an seòl thu, a sheòlas tu, cha seòl thu. nach seòl thu, seòlaidh, cha seòl.

4.2 dh'ionnsaich thu, an do dh'ionnsaich thu, cha do dh'ionnsaich thu, nach do dh'ionnsaich thu, dh'ionnsaich, cha do dh'ionnsaich | cheannaich thu, an do cheannaich thu, cha do cheannaich thu, nach do cheannaich thu, cheannaich, cha do cheannaich | dh'èirich thu, an do dh'èirich thu, cha do d'èirich thu, nach do dh'èirich thu, dh'èirich, cha do dh'èirich | ghoid thu, an do ghoid thu, cha do ghoid thu, nach do ghoid thu, ghoid, cha do ghoid | ghabh thu, an do ghabh thu, cha do ghabh thu, nach do ghabh thu, ghabh, cha do ghabh | dh'fhàg thu, an do dh'fhàg thu, cha do fh'fhàg thu, nach do dh'fhàg thu, dh'fhàg, cha do dh'fhàg | dhìrich thu, an do dhìrich thu, cha do dhìrich thu, nach do dhìrich thu, dhìrich, cha do dhìrich | loisg thu, an do loisg thu, cha do loisg thu, nach do loisg thu ,loisg, cha do loisg | throid thu, an do throid thu, cha do throid thu, nach do throid thu, thoid, cha do throid | sheòl thu, an do sheòl thu, cha do sheòl thu, nach do sheòl thu, sheòl, cha do sheòl.

4.4 *1.* Gehst du heute Abend in die Stadt? *2.* Nein, ich gehe zum Cèilidh. *3.* Wirst du morgen in die Schule kommen? Ja. *4.* Ich mache heute keinen Kuchen, ich werde zu dick. *5.* Kannst/Wirst du eine Kanne Tee machen? *6.* Wann wirst du heute Abend nach Hause kommen? *7.* Ich werde heute Abend nicht nach Hause kommen *8.* Ich komme morgen früh. *9.* Wohin fährst du nächstes Jahr in Urlaub? *10.* Ich werde nach Schottland fahren.

4.5 *1.* Cuin a nì thu cèic? *2.* Carson a bhuaileas tu mi daonnan? *3.* Cuin a dh'fhàgas tu an taigh a-màireach? *4.* Carson a cheannaicheas tu an càr ùr. *5.* Dè chuireas tu ort an-diugh? *6.* An tig thu dhan chèilidh a-màireach? *7.* An tèid Iain dhan bhaile a-màireach? *8.* Tha a' chèic a nì mi blasta. *9.* Tha an càr a cheannaicheas mi mòr. *10.* Cuin a thig thu dhachaigh?

Aonad 26 S. 214–216

4.1 *1.* Tha mi a' glanadh taighean. *2.* A bheil thu ag ionnsachadh chànanan? *3.* Bidh mi a' glanadh nan uinneagan. *4.* An robh thu a' sguabhadh nan trannsairean? *5.* Tha mi a' dìreach nam beann. *6.* An robh thu a' leughadh nan leabhraichean? *7.* Tha mi a' cluinntinn òran brèagha. *8.* Bha mi a' sgrìobhadh litrichean fada. *9.* Tha mi a' paigheadh nan tacsaidhean daora. *10.* Bidh mi a' buannadh/buain fhlùraichean.

4.2 balaich bheaga, na balaich bheaga, bhalach beaga, nam balach beaga | bogsaichean glana, na bogsaichean glana, bhogsaichean glana, nam bogsaichean glana | bùird mhòra, na bùird mhòra, bhòrd mòra, nam bòrd mòra | botalan salach, na botalan salach, bhotalan salach, nam botalan salach | bucaidean mòra, na bucaidean mòra, bhucaidean mòra, nam bucaidean mòra | busaichean fadalach, na busaichean fadalach, bhusaichean fadalach, nam busaichean fadalach | càraichean cofhurtail, na càraichean cofhurtail, chàraichean cofhurtail, nam càraichean cofhurtail | cathraichean boga, na cathraichean boga, chathraichean boga, nan cathraichean boga | coimpiutairean ùra, na coimpiutairean ùra, choimpiutairean ùra, nan coimpiutairean ùra | dathan grannda, na dathan grannda, dhathan grannda, nan dathan grannda | flùraichean brèagha, na flùraichean brèagha, fhlùraichean brèagha, nam flùraichean brèagha | garaidsean beaga, na garaidsean beaga, gharaidsean beaga, nan garaidsean beaga | miotagan snoga, na miotagan snoga, mhiotagan snoga, nam miotagan snoga | oifisean mòra, na h-oifisean mòra, oifisean mòra, nan oifisean mòra | pàipearan inntinneach, na pàipearan inntinneach, phàipearan inntinneach, nam pàipearan inntinneach | tacsaidhean daora, na tacsaidhean daora, thacsaidhean daora, nan tacsaidhean daora | taighean beaga, na taighean beaga, thaighean beaga, nan taighean beaga | togalaichean grannda, na togalaichean grannda, thogalaichean grannda, nan togalaichean grannda | trannsairean fada, na trannsairean fada, thrannsairean fada, nan trannsairean fada | uinneagan mòra, na h-uinneagan mòra, uinneagan mòra, nan uinneagan mòra

4.3 *1.* mhac, *2.* bhàrd, *3.* bhalach, *4.* ghillean, *5.* phìobairean

4.5 *1.* faic, *2.* Bheir, 3 chluinn, *4.* toir, *5.* Ruigidh, *6.* cluinn, *7.* chluinn, chì, *8.* ruig, *9.* fhaigh, *10.* Gheibh

4.6 *1.* Am faod mi an càr ùr a dhràibheadh? *2.* Am faod mi am fòn a chleachdadh? *3.* Chan fhaod thu sin a dhèanamh! *4.* Chan fhaigh thu briosgaidean an-diugh. *5.* Am faic thu an càr anns a' gharaid sin? *6.* Chan fhaic, chì mi na bogsaichean-sgudail ri taobh na garaide. *7.* Bheir mi an sgudail do na bogsaichean-sgudail a-màireach. *8.* An toir thu na pàipearan-naidheachd dhomh? *9.* Feumaidh tu a bhith nas fhaiceallaiche. *10.* Chan fhaod mi a bhith leisg.

4.7 *1.* Ich muss gehen. *2.* Musst du dieses Haus aufräumen? *3.* Du darfst hier nicht rauchen. *4.* Ich mache dir eine Tasse Tee und ich bringe (gebe) dir auch Plätzchen. *5.* Ich darf nicht fernsehen. *6.* Ich muss den Brief lesen. *7.* Iain muss Nachrichten hören. *8.* Darf ich diese Hose kaufen? *9.* Nein, du benötigst ein neues Jacket. *10.* Wir müssen fleißiger sein.

Aonad 27 — S. 222/223

4.1 *1.* Tha na cearcan anns an taigh-chearc. *2.* Tha an t-each anns an staball. *3.* Tha an tunnag air an loch. *4.* Tha an cat na làighe fon tractair. *5.* Tha na bà air a' chluain. *6.* Tha na muicean anns a' choille. *7.* Tha na h-uirceanan anns a' ghàrradh. *8.* Tha an cù air an t-sràid. *9.* Tha na geòidh nan suidhe fo chraoibh. *10.* Tha Iain a' bleòghainn nam bò le inneal.

4.2 *1.* Tha an tuathanach a' bleòghainn nam bò. *2.* Tha Màiri a' reic glasraich agus buntàta anns a' bhùth. *3.* Tha na mucan a' rùrachadh anns an talamh. *4.* Tha na gèoidh a' snàmh air an loch. *5.* Thug Iain cnap salainn do na bà. *6.* Thug Eilidh uisge do na cearcan. *7.* Tha Dàibhidh a' toirt todhair air na h-iomairean. *8.* Nì a bhean càise le bainne nam bò. *9.* Tha mi moiteil asaibh. *10.* A bheil thu a' tarraing asta?

4.3 *1.* Ich sehe einen Hund, zwei Katzen und Kätzchen. *2.* Einige sagen, dass das Essen nicht schmeckt. *3.* Màiri kaufte Gemüse im Geschäft. *4.* Die Kätzchen spielen mit dem Hund. *5.* Wie viele Eier legt dieses Huhn jeden Tag? *6.* Er schlachtete Hühner. *7.* Hast du jemals ein Schwein geschlachtet? *8.* Dàibhidh gewann einen Preis. *9.* Dieser Boden ist nicht besonders fruchtbar. *10.* Ich werde ihn düngen, damit er besser wird.

Aonad 28 — S. 233/234

4.1 *1.* Chaidh mi a dh'fhaicinn Màiri. *2.* Thàinig mi a dh'òl fìon. *3.* Ruith mi a dh'fhaighinn a' bhus. *4.* Tha mi a' dol a cheannachd a' chàir. *5.* Tha mi a' dol gur faicinn. *6.* A bheil thu a' dol a cheannachd bainne. *7.* Thig mi a leughadh an leabhair. *8.* An deach thu a dh'òl cofaidh. *9.* Tha e a' ruith a cheannachd pàipear. *10.* Thàinig mi a dh' ionnsachadh Gàidhig.

4.2 *1.* Tha mi gad fhaicinn. *2.* Tha thu gam thuigsinn. *3.* Tha e ga cheannachd. *4.* A bheil thu ga fhaicinn. *5.* Tha iad ga leughadh. *6.* Tha sinn gur faicinn. *7.* Tha e gar bualadh. *8.* Tha iad ga bhualadh. *9.* Tha mi ga cluinntinn. *10.* Tha e gam phògadh.

4.3 *1.* Is toil leam bainne òl. *2.* Feumaidh mi fhaicinn. *3.* Faodaidh e ithe. *4.* Cheannaich mi e. *5.* Chunnaic mi i anns a' bhaile. *6.* Bu toil leam Gàidhlig ionnsachadh. *7.* Cluinnidh mi i. *8.* Tha mi airson a cheannachd. *9.* Chan fhaod mi a faicinn. *10.* Chan eil mi airson fhaicinn.

4.4 *1.* Bhithinn sgìth nam bithinn ag obair. *2.* Bhiodh e trang nam biodh e an seo. *3.* Bhithinn ag ionnsachadh Gàidhlig nam biodh cùrsa ann. *4.* Bhiomaid ag òl an fhìona, nam biodh e fuar. *5.* Bhiodh iad a' ceannachd a' chàir nam biodh airgead gu lèor aca.

Aonad 29 — S. 244

4.3 *1.* Chì mi bàta air do bheulaibh. *2.* Sheas e air mo chùlaibh anns a' bhùth. *3.* Tha am poileas às an dèidh. *4.* Chunnaic mi healacoptair os mo chionn. *5.* Tha Dàibhidh, bràthair m' athar, na shuidhe ri taobh mo sheanmhar. *6.* Tha mo sheanmhair a' fuireach anns an Eilean Sgitheanach. *7.* Cha tèid mi dhan chèilidh, thèid Màiri ann nam àite. *8.* Tha seann taigh mòr aig mo sheanair eadar Obar Dheathain agus Inbhir Nis. *9.* Tha mo sheanair agus an dithis oghaichean aige nan suidhe mu choinneimh m' athar. *10.* Tha a' chlann-nighean a' cluich anns an t-seòmar agus tha na balaich a' coimhead air an telebhisean.

Aonad 30 S. 251/252

4.1 (*Von diesen Beispielsätzen können Ihre Antworten geringfügig abweichen.*)
1. 'S ann ag obair a tha Màiri anns an ospadal. | 'S e Màiri a tha ag obair anns an ospadal. | 'S ann ann an ospadal a tha i ag obair. *2.* 'S ann an-raoir a sgrìobh Calum litir fhada gu Seonag. | 'S ann a sgrìobh Calum litir fhada gu Seonag. | 'S e Calum a sgrìobh an litir. | 'S e litir fhada a sgrìobh e. | 'S ann fada a bha i. | 'S ann gu Seonag a sgrìobh Calum an litir. *3.* 'S ann a chaidh iad a dh' Uibhist. | 'S iadsan a chaidh a dh'Uibhist. | 'S ann a dh'Uibhist a chaidh iad. | 'S ann airson deagh Ghàidhlig ionnsachadh a chaidh iad a dh'Uibhist. | 'S e deagh Ghàidhlig a bha iad ag ionnsachadh. | 'S ann ag ionnsachadh a bha iad ann an Uibhist. *4.* 'S ann a-nochd a thèid Calum dhan taigh-òsta. | 'S ann a thèid e dhan taigh-òsta. | 'S e Calum a thèid dhan taigh-òsta. | 'S ann dhan taigh-òsta a thèid e.

4.2 *2.* Chan e. Is e Màiri a tha ag obair ann. *3.* Chan ann. 'S ann ann an ospadal a tha i ag obair. *4.* Chan ann. 'S ann an-raoir a sgrìobh e i. *5.* Chan e. 'S e litir a sgrìobh e. *6.* 'S ann. 'S ann fada a bha i. *7.* Chan ann. 'S ann a chaidh iad a dh'Uibhist airson deagh Ghàidhlig ionnsachadh. *8.* 'S ann. 'S ann a dh'Uibhist a chaidh iad. *9.* Chan e. 'S e deagh Ghàidhlig a bha iad ag ionnsachadh an sin. *10.* Chan ann. 'S ann a dh'Uibhist a chaidh iad. *11.* Chan ann. 'S ann a-nochd a thèid Calum dhan thaigh-òsta. *12.* Chan ann. 'S ann dhan taigh-òsta a thèid e. *13.* Chan e. 'S e Calum a thèid dhan taigh-òsta.

4.3 *1.* 'S àbhaist dhomh cadal gu deich uairean sa mhadainn. *2.* Nach truagh nach eil thu an seo? *3.* Nach buidhe dhut nach eil Eilidh an seo an-diugh. *4.* Chan urrainn do Sheonag snàmh. *5.* Chan urrainn dhut snàmh anns an loch. Tha e ro fhuar. *6.* Thèid sinn a dh' fhaicinn Màiri Oidhche Challain. *7.* 'S e Seumas a chunnaic mi anns a' bhùth an-dè. *8.* Bha imfhios agam gun robh rudeigin ceàrr. *9.* Chan ann leisg a tha mi, 's ann sgìth a tha mi. *10.* An e Tearlach a chunnaic mi oidhche-Shamhna.

Aonad 31 S. 258/259

4.1 *1.* na b' fhuaire, *2.* na bu trainge, *3.* na b' àirde, *4.* na bu lugha, *5.* na b' inntinniche, *6.* na b' fhasa, *7.* na bu sìne, *8.* na bu treasa, *9.* na bu bhuige, *10.* na bu bhlasta

4.2 *1.* a bu mhotha, *2.* a b' inntinniche, *3.* a bu ghlice, *4.* seo am baile a bu ghrannda, *5.* a bu sìne, *6.* a bu bhòidhche, *7.* a bu treasa, *8.* a bu mhiosa, *9.* a bu lugha, *10.* a bu luaithe

4.3 *1.* Bha Dòmhnall na b' àirde na Iain. *2.* Bha an t-iasg na b' fhèarr na am pizza. *3.* Bha Màiri na bu trainge na Èilidh. *4.* B' e Iain a b' fhèarr anns an sgoil. *5.* B' e an cafaidh ann an Cill Donnain an cafaidh a b' fhèarr ann an Uibhist a Deas. *6.* B' e sin am biadh a bu mhiosa air feadh na h-Alba. *7.* B' e sin am fìon a bu mhiosa a dh'òl mi a-riamh. *8.* Thuirt e nach b' e Albannach a bh' ann. *9.* B' i Màiri Mhòr a rinn òrain mu na fuadaichean. *10.* Bha thusa na bu lugha na mise.

Aonad 32 S. 266/267

4.1 *2.* Cheannaicheadh Iain càr ùr. *3.* An òladh tu am fìon grod seo? *4.* Reicinn an taigh agam. *5.* Sgrìobhadh Màiri litir fhada gu caraid. *6.* Dh'fhàgadh Seumas a bhean. *7.* Dh'fhuiricheamaid còmhla. *8.* Charaicheadh e an coimpiutair. *9.* Dhèanainn còcaireachd. *10.* Cha phòsadh e Sìne.

4.2 *1.* Bhithinn ag obair fad uairean a thìde gach latha. *2.* Cheannaicheadh e càr ùr gach bliadhna. *3.* Dh'ionnsaicheamaid Gàidhlig gach oidhche Luain. *4.* Bhiodh iad ag òl fad na h-oidhche Oidhche Challain. *5.* Aon turas gach seachdain dh'itheadh iad ann an àite-bìdh.

4.3 (*Da ihre Antworten unterschiedlich ausfallen können, sind hier jeweils nur sinnvolle Antworten mit ja und nein gegeben.*)
1. 800 not. *2.* Chan eil. *3.* B' urrainn dha a phìob a chluich. *4.* Cha bhiodh. *5.* Cha cheannaicheadh. *6.* Cha phòsadh. *7.* Cha sgrìobhadh. *8.* Chan ionnsaicheadh. *9.* Bhitheadh! *10.* Nì.

4.4 ochd ceud cù | trì cheud càr | ceud bàta | dà cheud taigh | naoi ceud èoro | còig cheud botal

Aonad 33 S. 274/275

4.1 *1.* Tha mi air beul an t-seòmair. *2.* Tha mi a' dol a-steach. *3.* Tha mi a' dol a-steach dhan t-seòmar. *4.* Tha mi a-staigh. *5.* Tha mi a' dol a-mach. *6.* Tha mi a' dol a-mach às an t-seòmar. *7.* Tha mi a-muigh. *8.* Tha mi a' dol suas. *9.* Tha mi a' coimhead a-nuas. *10.* Tha mi a' tighinn a-nuas. *11.* Tha mi shìos. *12.* Tha mi a' coimhead a-nìos.

4.2 *1.* Nam bithinn ann an Dùn Èideann dh' innsinn dhut. *2.* Nan tigeadh Ailean bhiodh e a' cluich na pìoba. *3.* Nan ceannaicheadh tu an càr sin chailleadh tu tòrr airgid. *4.* Nan ionnsaichinn Gàidhlig, bhiodh cothrom agam bruidhinn ris na Gàidheil. *5.* Mura bithinn ann an Glaschu, bhithinn ann an Inbhir Nis. *6.* Mura tigeadh Ailean, cha b' urrainn dha a' phìob a chluich dhuinn. *7.* Mura ionnsaicheamaid Gàidhlig dh'fheumamaid Beurla a bhruidhinn. *8.* Mura ceannaicheadh tu an càr bhiodh tu a' sàbhaladh tòrr airgid.

4.3 *1.* An dèanadh tu cofaidh dhomh? *2.* An rachadh tu a Phort-Rìgh? *3.* Cha rachadh, rachainn a dh'Obar-Dheathain. *4.* Nam faiceadh tu an taigh, cha cheannaicheadh tu e. *5.* Nan cluinneadh tu an ceòl, cheannaicheadh tu am meanbh-chlàr. *6.* Bhiodh Iain ag obair nam biodh obair aige. *7.* An dèanadh tu fàbhar dhomh? *8.* Nam biodh e blàth, rachamaid dhan tràigh. *9.* An tigeadh tu còmhla ruinn? *10.* An toireadh tu an salainn dhomh? Bheireadh.

Aonad 34 S. 288/289

4.2 543: còig cheud dà fhichead 's a trì | 843: ochd ceud dà fhichead 's a trì | 1314: trì cheud deug 's a ceithir deug | 1266: dà cheud dheug trì fichead 's a sia | 1587: còig cheud deug ceithir fichead 's a seachd | 1692: sia ceud deug ceithir fichead 's a dhà dheug | 1746: seachd ceud deug dà fhichead 's a sia | 1923: naoi ceud deug fichead 's a trì | 1976: naoi ceud deug trì fichead 's a sia deug | 1997: naoi ceud deug ceithir fichead 's a seachd deug | 2005: dà mhìle 's a còig | 2008: dà mhìle 's a h-ochd

4.3 Di-Luain, an darna latha den Mhàrt, naoi ceud deug leth-cheud 's a sia | Di-Màirt, an ceithreamh latha den Ghiblean, naoi ceud deug trì fichead 's a ceithir | Di-Ciadain, an dàrna latha deug den Òg-mhìos, naoi ceud deug trì fichead 's a dhà dheug | Di-Ardaoin, an còigeamh latha deug den Lùnastal, naoi ceud deug ceithir fichead 's a ceithir | Di-Haoine, an t-aona latha air fhichead den Dàmhair, naoi ceud deug ceithir fichead 's a seachd deug | Di-Sathairne, an deicheamh latha air fhichead den t-Samhain, dà mhìle | Di-Dòmhnaich, an t-aona latha air fhichead den Dùbhlachd, dà mhìle 's a h-ochd

Aonad 35 **S. 295/296**

4.1 *1.* fosgailte, *2.* reicte, *3.* sgrìobhte, *4.* dèanta, *5.* dùinte.

4.2 *1.* Rugadh mi anns an Òban. *2.* Thogadh Màiri ann an Alba. *3.* An do rugadh tu anns a' Ghearmailt? Cha do rugadh. *4.* Dh'òladh am fìon. *5.* Dh'fhosgladh an rathad anns a' bhliadhna naoi ceud deug ceithir fichead's a naoi. *6.* Mharbhadh e anns an seachdamh linn deug. *7.* Dhùineadh pàrlamaid na h-Alba ann an seachd ceud deug 's a seachd. *8.* Cuin a dh'fhosgladh an togalach? *9.* Rugadh Seòras ann an Uibhist a Deas ach thogadh e ann am Peairt. *10.* Cha do bhuaileadh e.

4.3 *1.* Chaidh dithis a ghoirteachadh. *2.* Chaidh a bhualadh nuair a thill e dhachaigh. *3.* Chaidh ceithrear a thoirt dhan ospadal agus seachdnar dhan phrìosan. *4.* Chaidh an taigh a sgrios. *5.* Chaidh am mòr-rathad a dhùnadh an dèidh na tubaiste. *6.* An deach a marbhadh? Chaidh. *7.* Chaidh an t-aonad-spòrs ùr fhosgladh leis a' phrobhost. *8.* Chaidh deich cosnaidhean ùra a chruthachadh. *9.* Chaidh saighdearan a mharbhadh. *10.* Chaidh ochdnar dhiubh a thoirt dhachaigh an-raoir. *11.* Chaidh am bualadh. *12.* An deach do bhualadh? Cha deach.

Aonad 36 **S. 302**

4.1 *1.* Tha an t-uisge air òl. *2.* Tha sgoilearan air an oideachadh. *3.* Bha na cait air am biathadh. *4.* Bidh an taigh air a pheantadh an ath-sheachdain. *5.* Cha robh na pìoban-uisge air an càradh. *6.* Bha taigh ùr air a thogail. *7.* Bha mi air mo thilgeil a-mach. *8.* Bidh an doras air a dhùnadh. *9.* Bidh na h-uinneagan air am fosgladh. *10.* Bidh sinn air ar bualadh.

4.2 *1.* Bha mi air mo bhualadh fad na h-ùine nuair a thàinig e a-steach. *2.* Bha na cait air am biathadh nuair a thàinig Màiri dhachaigh. *3.* Bha na ballaichean air am peantadh nuair a bhris a' phìob-uisge. *4.* Bha an càr air a chàradh fad seachdaine. *5.* Chaidh an taigh a cheannachd Di-Luain. *6.* Bha an taigh air a ghlanadh fad an latha Di-Màirt. *7.* Nuair a bha an taigh càraichte, chaidh a reic. *8.* Bha na brògan air an tolladh. *9.* Nuair a bha Tearlach dà fhichead bliadhna 's a còig a dh'aois, chaidh a leigeil às a' phrìosan. *10.* Chaidh na leabhraichean òrdachadh Di-Haoine agus thàinig iad Di-Luain. *11.* Tha Gàidhlig ga teagasg anns an sgoil seo. *12.* Chan eil Beurla ga bruidhinn an seo. *13.* Tha Gearmailtis, Fraingis agus Eadailtis gam bruidhinn anns an taigh-òsta. *14.* Bha na clachan gan toirt a-steach dhan taigh. *15.* Bha an seòmar air a sgioblachadh agus chaidh an sgudal a thoirt do na bogsaichean-sgudail.

Aonad 37 **S. 309/310**

4.1 *2.* Thèid am bradan ithe agus thèid am fìon òl. *3.* An tèid an leabhar a leughadh? *4.* Cha tèid an uinneag fhosgladh. *5.* Thèid an doras a dhùnadh. *6.* An tèid na cait a bhiathadh? *7.* Thèid am buntàta a rùsgadh. *8.* Thèid an t-iasg a ghlanadh. *9.* An tèid am bradan ithe? *10.* Thèid am bruich fad cairteal na h-uarach.

4.3 *1.* Thèid an uinneag a glanadh a-màireach. *2.* Dè ghabhas dèanamh? *3.* Cha ghabh e a bhith nach eil Gàidhlig agad. *4.* Cha ghabh an uinneag fosgladh agus cha gabh an doras dùnadh. *5.* An gabh an t-iasg seo ithe? *6.* Chaidh an fheòil ithe ged a bha e grod (auch: ged a bha e air a ghrotadh). *7.* Thèid a' bhùth fhosgladh aig ochd uairean gach madainn Di-Luain. *8.* An tèid an taigh a thogail anns a' Ghearastan no ann am Barraigh? *9.* Thèid an t-uachdar a bhualadh agus thèid a chur ris na sùbhagan-craoibhe. *10.* 'S e milsean blasta a tha ann an crannachan. Bidh e ga ithe gu tric ann an Alba. (oder: Thèid ithe gu tric ann an Alba.)

Aonad 38 S. 323

4.1
1. Tha mi a' ceannachd a' chàir. / A bheil thu a' ceannachd a' chàir? | Bha mi a' ceannachd a' chàir. / An robh thu a' ceannachd a' chàir? | Bidh mi a' ceannachd a' chàir. / Am bi thu a' ceannachd a' chàir? | Cheannaich mi an càr. / An do cheannaich thu an càr? | Ceannaichidh mi an càr. / An ceannaich thu an càr? | Cheannaichinn an càr. / An ceannaicheadh tu an càr? | Tha mi air an càr a cheannachd. / A bheil thu air an càr a cheannachd? | Bha mi air an càr a cheannachd. / An robh thu air an càr a cheannachd? | Bidh mi air an càr a cheannachd. / Am bi thu air an càr a cheannachd? | Bhithinn air an càr a cheannachd. / Am biodh tu air an càr a cheannachd?

2. Tha thu ag ithe isbean. / A bheil thu ag ithe isbean? | Bha thu ag ithe isbean. / An robh thu ag ithe isbean? | Bidh tu ag ithe isbean. / Am bi thu ag ithe isbean? | Dh'ith thu isbean. / An do dh'ith thu isbean? | Ithidh mi isbean. / An ith thu isbean? | Dh'ithinn isbean. / An itheadh tu isbean? | Tha thu air isbean ithe. / A bheil thu air isbean ithe? | Bha thu air isbean ithe. / An robh thu air isbean ithe? | Bidh tu air isbean ithe. / Am bi thu air isbean ithe? | Bhiodh tu air isbean ithe. / Am biodh tu air isbean ithe?

3. Tha e ga cheannachd. / A bheil e ga cheannachd? | Bha e ga cheannachd. / An robh e ga cheannachd? | Bidh e ga cheannachd. / Am bi e ga cheannachd? | Cheannaich e e. / An do cheannaich e e? | Ceannaichidh e e. / An ceannaich e e? | Cheannaicheadh e e. / An ceannaicheadh e e? | Tha e air a cheannachd. / A bheil e air a cheannachd? | Bha e air a cheannachd. / An robh e air a cheannachd? | Bidh e air a cheannachd. / Am bi e air a cheannachd? | Bhiodh e air a cheannachd. / Am biodh e air a cheannachd?

4. Tha Iain ag ionnsachadh Gàidhlig. / A bheil Iain ag ionnsachadh Gàidhlig? | Bha Iain ag ionnsachadh Gàidhlig. / An robh Iain ag ionnsachadh Gàidhlig? | Bidh Iain ag ionnsachadh Gàidhlig. / Am bi Iain ag ionnsachadh Gàidhlig? | Dh'ionnsaich Iain Gàidhlig. / An do dh'ionnsaich Iain Gàidhlig? | Ionnsaichidh Iain Gàidhlig. / An ionnsaich Iain Gàidhlig? | Dh'ionnsaicheadh e Gàidhlig. / An ionnsaicheadh e Gàidhlig? | Tha Iain air Gàidhlig ionnsachadh. / A bheil Iain air Gàidhlig ionnsachadh? | Bha Iain air Gàidhlig ionnsachadh. / An robh Iain air Gàidhlig ionnsachadh? | Bidh Iain air Gàidhlig ionnsachadh. / Am bi Iain air Gàidhlig ionnsachadh?

Aonad 39 S. 332/333

4.1 Gach madainn aig sia uairean èirichear. An toiseach cuirear an rèidio air. Thèidear dhan rùm-ionnlaid, bruisear fiaclan agus gabhar fras. Cuirear a chuid aodaich air agus an uair sin bidhear ag èisteachd ris na naidheachdan aig seachd uairean. An uair sin thèidear sìos an stàidhre dhan chidsin agus nìthear cofaidh. Thèidear dhan bhùth airson pàipear-naidheachd fhaighinn. Anns an eadar-àm tha an cofaidh deiseil agus gabhar bracaist. Chan ithear tomàto, hama 's ugh, oir fàsar ro reamhar. Aig ochd uairean feumar an taigh fhàgail agus gabhar am bus aig deich mionaidean an dèidh ochd. Bidh am bus ro fhadalach gu bhith gach madainn. Cuin a thigear an-diugh? Cò aig tha brath? Gu tric feumar ruith dhan obair . Mar as àbhaist bidhear sgìth anns an oifis. Thathar a' smaoineachadh gun ceannaichear càr an ath-bhliadhna agus mar sin chan fheumear ruith tuilleadh. Thathar uabhasach trang anns an oifis agus bidhear glè thoilichte aig còig uairean. Fàgar an oifis cho luath 's a ghabhas. Aig leth-uair an dèidh còig coinnichear ri caraid agus gabhar pìnnt ann an taigh-seinnse agus ma thograr, gabhar rud-eigin ri ithe cuideachd. Timcheall air ochd uairean feasgar tillear dhachaigh agus bidhear a' coimhead air an telebhisean gus an tèidear dhan leabaidh mu mheadhan-oidhche.

4.2 Jeden Morgen um sechs Uhr erhebt man sich. Zuerst stellt man das Radio an. Man geht zum Badezimmer, putzt die Zähne und nimmt eine Dusche. Man kleidet sich an, dann hört man die Nachrichten um sieben Uhr. Dann geht man die Treppe hinunter in die Küche und macht Kaffee. Man geht ins Geschäft, um eine Zeitung zu kaufen. In der Zwischenzeit ist der Kaffee fertig und man nimmt das Frühstück. Man isst keine Tomate, Speck und Ei, denn (davon) wird man zu fett. Um acht Uhr muss man das Haus verlassen und man nimmt den Bus um zehn nach acht. Der Bus ist fast jeden Morgen zu spät. Wann wird man heute kommen? Wer weiß? Oft muss man zur Arbeit laufen. Normalerweise ist man müde im Büro. Man denkt, dass man nächstes Jahr ein Auto kaufen wird, und dann muss man nicht mehr laufen. Man ist sehr beschäftigt im Büro und man ist um fünf Uhr sehr froh. Man verlässt das Büro, so schnell es geht. Um halb sechs trifft man sich mit einem Freund und man nimmt ein Pint in einer Kneipe, und wenn man Lust hat, nimmt man auch etwas zu essen. Um acht Uhr herum kehrt man nach Hause zurück und man schaut fern, bis man gegen Mitternacht ins Bett geht.

Aonad 40 **S. 341/342**

4.1 *1.* Nan toirte na briosgaidean do Phàdraig, dh'ithte iad. *2.* Nam buailte e, chan innseadh e. *3.* Bha iad an dòchas gun glacte e. *4.* Cha chluichte ball-coise an-diugh, mura biodh i tioram agus blàth. *5.* Chan abairte sin mura biodh e fìor. *6.* Theirte sin, fiù 's nam b' e breug a bhiodh ann. *7.* Bheirte tuilleadh uighean nam faigheadh na cearcan biadh na b' fheàrr. *8.* Chluinnte iad nan glaoidheadh iad. *9.* Mar a shaoilte am measg charaidean, chaidh an geall a chumail. *10.* Nan rèicte a' bhò an-diugh, gheibheadh Pàdraig each na h-àite.